KB260465

다큐��터리 북
3x **FtM**

3×FtM : 세 성전환 남성의 이야기

초판 1쇄 인쇄 _ 2008년 5월 6일
초판 1쇄 발행 _ 2008년 5월 15일

기획 _ 성적소수문화 환경을 위한 모임 연분홍치마

펴낸이 _ 유재건
주 간 _ 김현경
책임편집 _ 임유진
편 집 _ 박순기, 주승일, 박재은, 홍원기, 강혜진, 진승우
마케팅 _ 이경훈, 이은정, 정승연
영업관리 _ 노수준
경영지원 _ 양수연
유통지원 _ 고균석

펴낸곳 _ 도서출판 그린비 · 등록번호 제10-425호
주소 _ 서울시 마포구 동교동 201-18 달리빌딩 2층
전화 _ 702-2717 · 702-4791
팩스 _ 703-0272

ISBN 978-89-7682-709-8 03300
이 도서의 국립중앙도서관 출판시도서목록(CIP)은 e-CIP홈페이지(http://www. nl.go.kr/ecip)에서
이용하실 수 있습니다.(CIP제어번호: CIP2008001397)

그린비 출판사 나를 바꾸는 책, 세상을 바꾸는 책
홈페이지 www.greenbee.co.kr
전자우편 editor@greenbee.co.kr

다큐멘터리 북

3ₓ FtM

세 성전환 남성의 이야기

기획 성적소수문화 환경을 위한 모임 연분홍치마
정리 김성희, 조혜영, 루인

그린비

성전환 남성의
낯선 기억과 경험에
마주하기

머 리 말

타인의 역사와 기억 그리고 삶의 경험을 공유하는 일은 매우 어려운 일이다. 그것은 낯선 경험과 욕망에 마주하는 과정이자, '차이'와 소통하는 과정이고, 그 '낯섦'에 대한 자기반성을 필요로 하는 과정이기도 하다. 『3×FTM : 세 성전환 남성의 이야기』는 바로 그러한 과정의 결과물인 동시에 출발점이다. 이 책은 '성적소수문화환경을위한모임 연분홍치마'가 2006년 12월부터 2008년 2월까지 약 1년여에 걸쳐 진행한 다큐멘터리 「3×FTM」 제작과정에서 세 명의 성전환 남성들과 함께 한 인터뷰를 글로 묶어 낸 것이다. 영상에 모두 담아낼 수 없었던 그들이 들려준 많은 이야기들을, 자신의 해부학적 여성육체에 대한 부대낌과 갈등, 성전환에 관한 욕망과 고민, '남성'으로 살아간다는 것의 기대와 긴장감을 여기, 지면을 통해 다시 풀어내고자 한다. 그들이 용기 내어 보여 주고 들려주었던 삶의 경험과 고민들을 좀 더 많은 이들과 나누고 싶기 때문이며, 그들의 이야기와 고민을 통해 더 많은 지지와 이해가 가능해졌으면 하는 바람이 있기 때문이다.

『3×FTM : 세 성전환 남성의 이야기』는 출생 시 부여받은 성sex/gender/sexuality과는 달리 스스로를 남성으로 정체화하고 있는 3명의 성전환 남성들, 고종우, 한무지, 김명진의 이야기를 담고 있다. 그들은 성전환 남성이라는, 같은 삶의 길을 걷고 있지만, 그 과정에서 견뎌 오고 치러 온 상이한 경험을 지니고 있다. "엄마 뱃속에서부터, 태어날 때부터 남자였다"고 말하는 고종우 씨는 서른이 넘어서야 자신의 정체성을 깨달았다. 그는 해부학적 여성육체가 지니는 여성적 상징과 흔적에 많은 갈등을 지니고 있으며 해부학적 남성육체로 성전환하기 위해, 정신과 불일치하는 육체를 '남성' 정체성에 일치시키기 위해 2000년부터 남성호르몬을 투여해 왔다. 하지만 그는 아직 어떠한 수술도 하지 않은 까닭에 '불일치'에서 비롯된 갈등과 긴장을 끊임없이 안고 살아간다. 미래를 준비하기 위한 현재를 살아가고 있는 그는 가까운 미래에 성전환 수술을 기대하고 있다.

또한 한무지 씨는 10대 때부터 "남자로 보이고 싶었다"고 얘기한다. 10대 때부터 별 무리 없이 '남성'으로 통하고 사회적 관계를 맺어 왔던 그는 당시의 과잉된 남성성을 반성하기도 한다. 그는 2000년 5월부터 남성호르몬을 투여해 왔으며, 2006년에는 성전환수술의 하나인 가슴절제 수술을 했다. 하지만 비성전환 남성의 육체에 가까워지면서, 그리고 성전환자 인권활동을 시작하면서 새로운 고민을 안게 되었다. 그는 '성전환 남성은 태어날 때부터 남성'이라는 점을 확신하면서도 비성전환 남성과 성전환 남성의 경계를 고민한다. 남성, 남성성, 남성다움에 대한 새로운 문제제기를 끌어안게 되었고 성전환 남성으로서 해부학적 여성육체를 통해 겪은 경험을 재의미화하고 긍정하기 위한 해답을 찾고 있다.

마지막으로 "남자가 되어야만 했다"고 말하는 김명진 씨는 자신의 성정체성에 대한 욕망을 '남성'에 대한 자기욕망보다는 '불편함'으로 설명한다. 그는 2006년 5월부터 남성호르몬을 투여했으며, 같은 해 호르몬 외에는 아무런 성전환수술도 하지 않은 상황에서 이례적으로 신분등록제상의 성별변경을 했고, 그 이후 2007년에 가슴수술을 했다. 세 명 중 유일하게 주민등록번호 '1번'으로 살아가고 있는 그는 성별변경 이후의 삶이 기대와는 달리 그다지 녹록지 않음을 실감하고 있다. 현재 그는 한국 남성사회에 진입하기 위해 치러 내야 하는 것들, 병역문제나 비성전환 남성 동료와의 관계, 그리고 '2번'으로 살아왔던 자신의 역사를 '1번'으로 바꿔 내야 하는 많은 것들에 부대껴하고 힘들어한다. 하지만 그는 사회적이고 제도적인 문제들에 적극적으로 맞서고 있다. 그는 주민등록번호 '1번' 으로 살아간다는 것이 때로는 고단하고 서글프지만, 그럼에도 편안한 삶이라고 이야기한다.

이처럼 『3×FTM : 세 성전환 남성의 이야기』에는 같지만 전혀 다른 세 명의 성전환 남성들의 이야기가 담겨 있다. 성전환 남성에 대한 사회적 편견, 차별과 끊임없이 싸워 나가는 삶의 이야기는 비슷할지 몰라도, 과거의 편린을 다시 끄집어 내어 모아 내고 기억하고 의미화하는 방식이 다르고, 해부학적 여성육체에 대한 부대낌과 갈등이 다르며, 해부학적 남성육체에 대한 기대와 욕망이 다르다. 또한 '남성' 으로 살아가는 데 있어서의 열망과 갈등, 고민 역시 다르다. 그들은 모두 각자가 선택하고 결정하게 되는 삶의 다양한 계기와 경험, 욕망에 따라 다르게 살아가고 있다. 그리고 이러한 그들의 '다른' 이야기들은 성전환 남성에 대한 일종의 '일반화' 된 통념, 법적 · 제도적 · 사회문화적 혹은 의학적 담론에 전제되어 있는 천편일률적이고 편협한 성전환자에 대한 '정의' 를 다시금 고민하게 한다. 성전환 남성들의 다양한 욕망과 삶의 경험들, 정체성을 '집단화' 하는 사회적 '오만' 에 제동을 걸고 있는 것이다.

본문에서는 이러한 각기 다른 성전환 남성들의 이야기들을 토픽별로 나누어 담아냈다. 다큐멘터리 제작과정에서 개별적으로 진행되었던 인터뷰 내용들을 토픽별, 세부 질문별로 나누어 세 명의 성전환 남성들이 각자의 이야기를 혹은 서로의 이야기를 함께 나누고 풀어 나가는 형식으로 재구성하였다. 그들의 유사하지만 다른 욕망과 고민을 보다 생생하게 담아내고자 하는, 그리고 성전환 남성들이 지니는 다양성과 차이를 서로의 '대화' 를 통해 보다 잘 드러내고자 하는 바람이 있었기 때문이다.

본문의 각 챕터는 성전환 남성의 성정체성을 지칭하는 'FTM' 이라는 용어에서 F, T, M 각각이 담아내는 다양한 의미와 이야기들을 화두로 삼았다. 흔히 'FTM' female to/toward male 은 여성에서 남성으로 성전환 한 이들을 의미한다. 하지만 해부학적 여성육체에 대한 경험을 기억하고 해석하는 방식에 따라, 성전환에 대한 다양한 욕망에 따라, 해부학적 남성육체와 사회문화적 남성으로서의 삶에 대한 지향에 따라 FTM이라는 용어는 다양한 의미를 함축한다. 어떤 이들은 '잘못 태어난 육체'인 해부학적 여성육체에서 자신이 원하는 성별정체성인 남성으로 몸과 정신을 일치시켜 나가는 중간과정으로서의 ftm에 훨씬 더 많은 의미를 두기도 하고, 어떤 이들은 끊임없는 전환과정 그 자체에 의미를 두기도 하며, 또 어떤 이들은 해부학적 여성육체에 대한 경험을 긍정하고 재의미화하면서 '다른' 남성으로서 ftm을 의미화하기도 한다. 본문의 구성은 이러한 다양한 욕망과 경험을 담아내기 위해 F, T, M 그리고 FTM을 화두로 꺼냈다. 하지만 이러한 구성이 성전환 남성들의 과거와 현재에 대한 순차적인 구성은 아님을 밝혀 두고 싶다. 현재를 의미화하는 과정 속에서 과거의 경험과 기억은 끊임없이 재해석되고 재의미화 되고 있기 때문이다.

우선, 1부 「여/성의 몸, 경험 그리고 흔적」에서는 세 명의 성전환 남성들이 '여성'으로 살아온 혹은 '여성'으로 통했던 '과거'에 관한 이야기들을 묶었다. 그들에게 있어 '과거'는 '남성'으로 살아가는 현재에 대한 필연적인 '증거'가 되기도 하고, 사라져 버린 혹은 사라질 여성육체와 경험이 남긴 거짓된 '흔적'으로 남기도 하며, 때로는 비성전환자와는 단지 조금 '다른' 경험의 역사로 추억되기도 한다. 여기서 그들은 어린시절에 관한 이야기들과 해부학적 여성육체에 대한 갈등 및 부대낌, 그리고 '여성'으로 살아온 자신의 경험을 각기 다른 방식으로 기억하고 의미화한다.

2부 「성전환의 과정, 이행 그리고 신체적 변형」에서는 성정체성을 인식하고 확신하게 되는 과정과 성전환 과정에서 겪는 기대와 갈등, 고민에 관한 경험을 담아냈다. 그들 모두에게 있어 성전환은 고단하고 버겁지만 행복하고 기대에 찬 필연적인 인생의 행보이다. 성전환은 그들에게 있어 자신이 원하는 성별정체성인 남성에 일치해 가는 '이행'의 경로이기도 하고, 사회가 요구하는 남성으로 살아가기 위해 불편함과 부대낌을 줄이는 '과정'이기도 하며, 해부학적 남성육체에 가까운 '남성형' 육체로의 '변형'이기도 하다. 여기서 그들이 지니는 ftm이라는 성정체성과 성전환에 관한 상이한 자기욕망은 성정체성을 확신하게 된 계기와 이유, 의미에 대한 서로 다른 이야기로 이어진다. 또한 성전환의 주요한 과정인 남성호르몬 투여, 가슴 및 성기수술, 그리고 성별변경에 관한 이야기들은 육체적 혹은 제도적으로 승인되고 인식되는 '남성'이 되기 위한 과정에서 겪는 기대와 갈등, 실질적인 변화와 그 의미를 담고 있다.

3부 「남성의 몸, 남성성 그리고 소수-남성」에서는 호르몬투여나 수술, 성별변경 이후 '남성'으로 인식되고 통하고 관계 맺으면서 살아가는 그들의 경험을 담아냈다. ftm이 '남성'으로 살아간다는 것은 해부학적 남성육체, 남성성과 남성다움, 비성전환 남성 집단에 대한 욕망과 갈등의 끊임없는 경합과정이라 할 수 있다. 또한 남성중심사회의 견고한 젠더규범 속에서, 혹은 해부학적 남성육체에 대한 정상성의 이데올로기 속에서 남성사회 내 소수자 '소수-남성'으로 살아가는 것이기도 하다. 이 장에서는 세 명의 성전환 남성들이 겪는 이러한 경합과정을 이야기한다. 그들은 남성성에 대한 욕망과 강박, 남성동성사회 혹은 남성중심사회로의 진입과정에서 지니게 되는 긴장과 갈등, '남성'으로 맺게 되는 새로운 관계에 대한 기대와 고민, 기존 관계의 변화 속에서 받은 지지와 배려에 대한 경험을 다양하게 풀어놓는다. 그리고 성별변경 이후 겪어야만 했던 제도적 변화와 갈등, 문제들 역시 이야기하고 있다.

4부 「FTM으로서의 삶」에서는 ftm이라는 정체성이 자신에게 주는 의미와 ftm에 대한 소통과 이해의 계기를 마련하고자 하는 그들의 이야기들을 묶어 냈다. 이 장은 그들이 ftm을 이해하고자 하는 독자들에게 당부하는 말이자, 자신의 경험과 고민을 다른 이들과 소통하고자 하는 그들의 독자들을 향한 '말 걸기'인 셈이다.

이와 같은 세 명의 성전환 남성의 경험과 고민, 이야기들이 혹자에게는 낯섦과 불편함으로 다가올지도 모르겠다. 하지만 우리가 그러했듯이 낯섦에 대한 무관심과 불편함이 자기반성의 계기가, 그리고 그 낯섦이 '차이'를 이해하고 소통할 수 있는 계기가 되었으면 한다. 가부장제 혹은 이성애중심사회에서 살아가는 비성전환 여성들이 겪게 되는 여성의 위치에 대한 차별, 사회문화적으로 요구되는 '육체'에 대한 부대낌과 갈등, '여성다움'에 대한 사회적 강요와 그에 대한 불편함이 그들의 경험 및 고민과 만날 수 있었으면 좋겠다. 또한 비성전환 남성들이 의식적으로든 무의식적으로든 내보이게 되는 '남성다움'에 대한 욕망과 강박을, 의도하든 의도치 않던 남성중심사회에서 지니게 되는 남성으로서의 사회적 '특권'에 대한 문제의식을 함께 공유했으면 좋겠다. 그리고 한국사회에서 살아가고 있는 많은 성전환자들과 함께 ftm들의 삶의 경험, 고민, 정체성, 문화의 다양한 지평을 넓혀 나갈 수 있는 계기가 되었으면 한다.

끝으로 세 명의 성전환 남성의 욕망과 갈등이 독자들에게 오해 없이 온전히 잘 전달되었기를 바란다. 세상과 부딪치는 그 모든 순간에 가질 수밖에 없는 김명진 씨의 긴장을 함께 고민하고, 자신의 존재가 단순히 낯설고 당혹스러운 존재로 치부되는 것에 대한 한무지 씨의 상처를 함께 돌보며, 이해받지 못하는 존재로 사는 것에 대한 고종우 씨의 부대낌을 함께 이야기 나눌 수 있었으면 한다. 이 책이 부디 그들의 진심어린 용기가 헛되지 않도록 성전환 남성에 대한 이해와 소통의 계기가 되었으면 하는 바람이다.

CONTENTS

fe/male body, experience
and trace
01
1. 내 별명은 아수라 백작
2. 긍정하기 힘든 몸
3. 과거의 흔적
여/성의 몸, 경험 그리고 흔적

내 별명은
아수라 백작 :
어린시절 나의 이미지

한무지 고집 센 천방지축 아이였어요. 막 뛰어다니고 놀러 다니기 좋아해서, 만날 애들 끌고 탐정놀이 하러 산으로 들로 쑤시고 다녔어요. 한번은 동네 애들 다 끌고 산으로 쑥 캐러 갔다가 길을 잃어버렸어요. 산 하나를 꼴딱 넘어서 딴 동네로 가버린 거예요. 헤매다가 가게가 하나 있기에 들어가서 주인 아주머니께 얘기해서 집에 전화했죠. 동네가 발칵 뒤집히고, 엄마가 혼비백산해서 달려왔죠. 완전 골목대장, 딱 그거였어요. 애들 모아서 골목 대 골목 팽이 따먹기 하고, 여자 애들 고무줄놀이 하면 고무줄 끊고 다니고. 공기놀이는 많이 했어요. 남자랑 여자랑 편먹고 했는데, 저는 항상 깍두기였어요. 여자 쪽에 끼기도 뭐하고 남자 쪽에 끼기도 뭐하니까, 이쪽저쪽 왔다 갔다 하면서 깍두기 역할을 했죠. 초등학교 때 시골 살 때는 고기잡이도 많이 했고, 축구도 굉장히 좋아했어요. 남자 애들하고 편먹고 축구하고, 더우면 바가지로 물 뿌리고 놀고. 그렇게 해 뜨면 나가서 놀다가 해

"편할 날이 없었어요. 항상 긴장 속에서 산다는 게 너무 힘들었죠." **한무지**

떨어지면 들어오고, 완전 골목대장이었죠.

<u>**고종우**</u> 골목대장까지는 모르겠고, 비슷했던 것 같아요. 우리 동네는 나보다 어린 애들이 많아서 애들 모아서 놀고 그랬죠. 동네에 저보다 한 살 어린 남자애가 한 명 있었는데 걔랑 저랑 라이벌이었어요. 항상 그 애한테 지기 싫어했고, 걔도 그랬던 것 같아요. 그래서 누가 더 동네 꼬마들을 많이 모으나, 경쟁하고 그랬어요. 경쟁심도 있었고, 왠지 모르게 열등감도 있었던 것 같고. 남동생한테도 한번은 골목으로 데려가서 그런 적이 있어요. "너 나한테 형이라고 불러라." 어린 마음에 형이라는 소리를 듣고 싶더라고. 하여튼 잘 데리고 놀았던 것 같아요. 남동생도 그렇고 동네 꼬마 녀석들도 그렇고. 취향이 같으니까. 하지만 그때는 남자 같거나 그렇지는 않았어요. 남자 같은 면이 있었을 수도 있지만 초등학교 때까지는 남자처럼 하고 다니거나 그러지는 않았어요. 근데 초등학교 때 별명이 '아수라 백작' 이었어요.

그 당시에 반은 남자고, 반은 여자로 된 아수라 백작이라는 만화 캐릭터가 있었는데 별명이 그거였어요. 애들이 보기에 내가 반은 남자고 반은 여자로 느껴졌던 모양이죠. 그리고 중학교 때 순정만화를 좋아하는 친구들이 있었는데, 그 친구들이 나보고 「베르사이유의 장미」에 나오는 오스칼을 닮았다고 그러더라고요. 나는 오스칼이 누군지도 몰랐죠. 아무튼 닮았다고 하더라고요. '오스칼'이 여잔데 남자처럼 하고 다니니까. 그래서 그 얘기를 나한테 맞춘 건가 봐요. 그 별명이 좋지도 않고 싫지도 않고, 그냥 그랬던 것 같아요.

한무지 그런 기억도 있어요. 아직도 생생하게 기억이 나는데, 초등학교 5학년 때였어요. 엄마랑 같이 마을버스를 타고 집에 가다가 동네 아주머니를 만난 적이 있었어요. 그런데 그 아주머니가 "어머, 애 무지였어? 나는 무슨 남자가 이렇게 예쁜가 했네", 그러는 거예요. 전 그 소리가 너무 좋았어요. 아직도 그 얘기가 뇌리에 생생하게 박혀 있어요. '아, 날 남자로 봤구나.' 너무 기쁜 거예요. 사실 제가 큰딸이니까, 엄마는 절 예쁘게 꾸미고 싶고 그러셨겠죠. 워낙 제가 성격이 괄괄하고 적극적이어서 그렇게 크게 제재가 있었던 건 아니었지만, 그래도 엄마는 절 예쁘게 키우고 싶으셨을 거예요. 초등학교 3학년 때인가 친구 생일잔치를 가려고 하는데, 엄마가 쑥색 바탕에 안개꽃 무늬가 박힌 원피스를 입고 가라고 하시는 거예요. 굉장히 당혹스러웠어요. 그래서 못 입겠다고 뻗댔죠. 엄청 맞았어요. 2시간 동안 벌서고. 또 한번은 새 운동화를 사러 갔는데, 내가 건담운동화를 사겠다고 떼쓰는 바람에 가게 문 닫을 때까지 엄마하고 씨름한 적이 있었어요. 건담운동화는 발광도 되고, 나는 그 운동화를 사야겠는데, 엄마는 죽어도 캔디운동화를 신겨야겠다는 거예요. 울고불고 난리쳐서 결국 건담운동화를 사 신었죠. 그리고 초등학교 4학년인가 5학년인가, 머리를 삭발한 적도 있었어요. 왜 그랬는지는 모르겠어요. 잘 기억이 안 나요. 그 당시 심정이나 이유는 잘 기억 안 나고, 그냥 혼자 미장원 가서 "밀어 주세요"라고 했어요. 그날도 무진장 맞았죠.

김명진 어렸을 때 남자로 보이고 싶다거나 여자인 게 싫었던 건 아닌데, 저도 그냥 여자 옷을 입는 건 싫었어요. 정확하게 말할 수는 없는데, 어울리지 않아서 안 입은 건 아니었을 거예요. 그냥 입기 싫었던 것 같아요. 예전에는 엄마가 여자애니까 치마도 입혀 놓고, 여자다운 색깔인 분홍색이나 빨간색도 입혀 놓고. 어릴 때 앨범만 봐도 엄마가 정말 예쁘게 키우셨거든요. 근데 내가 내 옷을 골라 입기 시작하면서부터는 한 번도 치마를 입어 본 적이 없어요. 여자 색깔로 상징되는 색도 골라 본 적이 없고. 운동화도 남자 애들 운동화를 신었고요. 자연스럽게 안 입었던 것 같아요. 너무 어려서 왜 그랬는지는 잘 생각이 안 나는데 안 입었더라고요. 장난감도 여자 애들 인형은 관심도 없었고, 블록 같은 것을 좋아했어요.

고종우 근데 저의 어린시절을 돌아보면 좀 이중적이었던 것 같아요. 겉으로는 친구들과 잘 놀고 그랬지만, 속으로는 굉장히 폐쇄적이었어요. 돌이켜 보면 방황의 시기들이었죠. 저 자신을 상당히 싫어했어요. 한번은 중학교 때 교생선생님이 제 사진을 보고 "너 참 예쁘다, 이름처럼 참 예쁘다"고 말씀하신 적이 있었는데, 그때 제가 선생님께 그렇게 얘기했어요. "저는 안 예쁜 사람인데요." 그때 물론 내가 남자로 보이고 싶었던 것도 있었지만, 그것보다는 제 자신을 굉장히 못났다고 생각했기 때문에 그렇게 얘기했던 것 같아요. 아마 제 존재를 긍정하지 못했었기 때문에 그랬겠죠. 제가 만약에 어린시절부터 제 자신의 존재에 대해 인식하고 긍정할 수 있었더라면 공부를 좀 못했어도, 성격적으로 남들보다 좀 부족하거나 말주변이 없었어도 제 단점들을 극복할 수 있었을 거예요. 근데 제 존재로 인해 많이 방황하다 보니 내 인생에 대해 집중할 수가 없더라고요. 그 당시 친했던 친구들은 제가 이렇게 얘기하는 것들에 대해서 이해할 거예요. 굉장히 열등감이 많았어요. 존재 가치가 없었죠.

한무지　저도 약간 비슷한 면이 있었던 것 같아요. 특히 초등학교 4학년 때부터는 이상하게 애들하고 잘 어울리지 못했어요. 겉으로 보기에는 평범한 아이였는데, 어느 무리에도 속할 수 없는 그런 면들이 있었어요. 계속 겉돌기만 하고, 어디에도 못 끼고. 그냥 책에만 빠져 지냈던 것 같아요. 초등학교 4학년 때인가, 애들끼리 선물교환 같은 걸 하자고 한 날이 있었는데 하나도 못 받은 거예요. 친구들끼리 먹을 것들을 주는 날이었는데, 그날 엎어져서 하루 종일 울었어요. 그때 외로움이랄까, 뭐 그런 감정을 느꼈던 것 같아요. 지금도 그때 생각하면 참 안 좋아요. 왠지 지우고 싶어.

고종우　중학교 때에는 의도적으로 남자처럼 하고 다녔어요. 말이나 행동, 모든 일상에서 남자처럼 하고 다녔어요. 그때는 주변에 있는 애들이 다 여자들이어서 남자로 인정받는 것이 좋았거든요. 그래서 그랬는지 싸움에 대한 환상 같은 것도 있었어요. 제가 여자 중학교를 다녔는데, 한번은 태권도 유단자인 한 친구랑 붙게 됐어요. 어쩌다 그렇게 됐는지는 잘 기억이 안 나는데, 그냥 어떻게 하다 보니 '붙자'는 얘기가 나왔어요. 아마 내가 주위에서 싸움을 잘하는 걸로 소문이

났었나 봐요. 저도 싸우고 싶었어요. 내가 싸움을 잘한다고 생각하고 있었으니까. 또 주위에 보여 주고 싶기도 하고. 그래서 그 친구랑 싸우러 옥상에 올라갔는데, 반 친구들이 빙 둘러앉아 있는 거예요. 옥상이 굉장히 넓었는데 제법 꽉 찼으니까, 아마도 다른 반 친구들도 다 올라왔었나 봐요. 다들 구경하려고 빙 둘러 모여 있었어요. 소풍 때 오락하듯이. 그리고 둘이서 딱 가운데 섰죠. 저는 정말로 제가 이길 거라고 생각했어요. 그 친구도 약간 선머슴 같기는 했지만, 그래도 그 친구는 여자고 나는 좀 다르니까 당연히 이길 거라고 생각했죠. 장난이 아니라 나는 정말 당연하게 이길 거라고 생각했어요. 당연히 내가 이긴다. 싸움의 기술도 모르고, 싸움이라는 걸 특별하게 해본 적도 없지만, 그 친구는 당연히 이길 거라는 생각이 들더라고. 내가 또 운동을 잘하니까. 구기라든가 굉장히 잘했거든요. 오히려 우습더라고. 같이 싸우자고 하니까. 근데 가자마자 쥐어 터졌잖아. 얻어터졌지. 그 친구가 태권도 유단자여서 발차기도 격이 있더라고. 하체는 또 왜 그렇게 길어. 주위가 잠잠해졌어요. 내가 첫 판부터 맞았으니까. 어떻게 옥상을 내려왔는지는 생각이 안 나요. 그냥 그 뒤로 학교 가기가 싫었어요. 애들이 많이 실망한 것 같고. 나를 좋아했던 사람도 있었는데.

한무지 저는 생각해 보면, 여자도 아니었고, 남자도 아니었어요. 그게 정확한 표현인 것 같아요. 남자였다고 하기에는 나 스스로 남자라고 인정하지 못했고, 여자였다고 하기에는 끊임없이 남자로 보이고자 했어요. 그러니까 그 경계에서 서 있었던 거죠. 어렸을 때에는 아빠가 저의 롤 모델이었어요. 아빠랑 닮으려고 노력했던 것 같아요. 걷는 것, 식습관, 말투. 지나가는 남자들도 유심히 쳐다보고 그랬죠. 뭘 입고 다니나, 남자들은 뭐가 특징인가. 그리고 10대 때에는 남자로 보이려고 가슴에 붕대를 감고 다니고, 옷을 아저씨처럼 입고 다

넀죠. 면바지에, 허리띠 매고, 남방은 집어넣고 다니고. 사람들이 지금 저를 보면 나이 거꾸로 먹는다고 얘기해요. 남자로 보여야 되는데 그때는 남자로 보이기 가장 쉬운 게, 촌스럽고 꼴 보기 싫지만 아저씨처럼 입는 거였어요. 만날 베이지색 면바지에 파란색 체크무늬 남방, 머리에 젤 발라서 넘기고, 구레나룻 좀 빼고, 껄렁껄렁하고 건들건들하게 다녔죠. 거울 보고 연습했어요. 어떻게 하면 불량스러운 표정을 지을 수 있을까? 주먹 쥐고 폼도 잡아 보고, 운동도 많이 하고, 격투기도 배우고. 그때 내가 남성적이라고 느꼈던 것들에 많이 매진했던 것 같아요. 그렇게 하면 내가 남자로 보일 거라고 생각했어요. 내가 남자로 보였으면 좋겠다? 아니면 남자로 보고 있겠지?

고종우　그런 생각은 저도 있었죠. 친구들한테 남자로 보이고 싶고, 남자다워지고 싶고. 근데 학교 선생님들은 남자처럼 하고 다닌다고 뭐라고 하시고 그랬어요. "쉬는 시간마다 화장실에서 벽 치는 놈이 있더라", 이렇게 선생님들이 얘기하고 그랬어요. 그런데 결정적으로 어느 날 영어선생님이 들어와서, 저에게 왜 그런 얘기를 수업 시간 내내 하셨는지 모르겠는데, 제가 지적을 받았었는지 떠들었는지 모르겠지만, 아무튼 뜬금없이 "네가 하고 다니는 게 꼴 보기 싫다. 남자처럼 하고 다니는 것이 꼴 보기 싫다"고 하면서 수업 한 시간 내내 나를 욕하고 나가셨어요. 그 얘기를 듣고 울었어요. 뭔가 갑자기 서러워져서 복받치더라고. 제가 집에서는 잘 울어도 학교 와서 친구들 앞에서 울거나 그런 적은 없었어요. 그런데 눈물이 나더라고. 근데 제가 운 사실을 다른 친구들한테 보여 줄 수가 없었어요. 그래서 얼굴을 못 들고 계속 책상에 엎드려 있었어요. 잠깐 울었는데 그걸 보여 줄 수가 없어서 하루 종일 책상에 엎드려 있다가 겨우 일어났어요. 선생님한테 욕먹은 게 창피한 게 아니라, 내가 울었다는 게 창피해서 미치겠더

라고. 내가 남자다워지고 싶었으니까. 그리고 걔네들 앞에서 남자다
운 모습을 보이고 싶었고. 그리고 아무래도 저는 걔네들한테서 남자
고, 제 역할이 남자니까. 남자로서 그 상황에서 그랬다는 게 수치스럽
더라고.

    한무지 과격하게 행동하고, 겁내면 안 되고, 센 척하고, 주먹 좀
써야 하고, 똥배짱도 좀 있어야 하고. 세 보이는 거. 남자처럼 보이려
면 그렇게 해야 되거든. 특히 저 같은 경우는 10대 때 소위 말하는 노
는 아이였고, 소위 노는 남자 애들과 어울려 생활했거든요. 당시에는
그런 것들이 일종의 해방구였어요. 그런 생활에선 여성성이라고 말
하는 것이 필요 없었고, 오히려 그런 것들이 있으면 안 되는 생활이었
죠. 담배 피우고, 술 마시고, 오토바이 타고, 싸움하고. 그래서 '넌 여
자니까 이렇게 해야 돼' 라는 억압 혹은 압박에서 자유로울 수 있었던
거죠. 나의 성별이 뭐건 간에, 그 무리들 중의 한 사람으로 인식됐고.
근데 사실 아무래도 중성적으로 보이긴 했을 거예요. 어디 나가서 사
람들이 "여자예요, 남자예요?"라고 물어보면, "한번 맞춰 보세요"라
고 해요. 여자라고 해도 의심하고, 남자라고 해도 의심해요. 그러면
그 공간에서 제가 남성임을 입증할 수 있는 일을 최대한 만들어 내는
거예요. 아무 이유 없어요. 그냥 남자로 보여야 할 것 같은 강박에 시
달리는 거죠. 내 정체성이 뭔지도 몰라요. 하지만 "남자예요, 여자예
요?"라고 물어보면, 난 남자는 아니지만 남자로 보여야 하는 거죠. 내
가 주로 했던 방법은 핸드폰을 이용하는 거예요. 전화로 원맨쇼를 하
는 거죠. 전화를 걸지도 않았고 오지도 않았는데, "오빤데, 어디니?
몇 시에 어디서 보자", 이런 얘기를 전화에 대고 해요. 그리고 제가
원래 팔자걸음인데 더 껄렁껄렁 걷는 거죠. 남자들이 뒷짐 지고 걷는
것처럼. 붕대 감고 있으니까 가슴도 내밀고. 지금 생각하면 참 용하다

는 생각도 들어요. 내가 남자임을 증명하기 위해 얼마나 많은 거짓말과 얼마나 많은 쇼를 해야 했겠어요. 연기와 현실을 서로 구분지을 수 없는 상태가 지속되었던 거 같아요. 하지만 그 순간 그러면서도 굉장히 진땀을 뺐어요. 그럴 때 제일 두려운 것은 아는 사람을 만나는 거였어요. 내가 여자임을 아는 사람들을 만나는 것이 가장 두려웠죠.

김명진 다른 ftm들처럼 어렸을 때부터 '나는 남자다' 라는 확실한 생각이 있지는 않았어요. 하지만 그런 면이 아예 없었다고는 말 못해요. 어렸을 때 기억에 남는 일 중 하나인데, 초등학교 3학년 때 겨울에 운동장에 나와서 조회를 서고 있었어요. 그때는 여자였으니까 여자 줄에 서 있는데, 제 앞에 있는 여자친구가 추워서 달달달 떨고 있더라고요. 그래서 제 겉옷을 벗어서 앞에 있는 여자친구한테 걸쳐준 적이 있었어요. 그걸 보고 왔다 갔다 하시던 담임선생님이 제 머리를 콩 박고 가신 적이 있었어요. 그런 것처럼 뭔가 좀 남들과 다른 면이 있었던 것 같아요.

또 그런 적도 있어요. 고등학교 때 교복치마 입는 게 너무 싫어서 교장선생님을 찾아가서 얘기한 적이 있어요. 제가 여자 고등학교를 다녔는데 학교에서 교복바지가 허용되는 사람은 다리에 심한 화상이 있는 친구들이나 병원 진단서가 있는 친구들이었어요. 근데 제가 교장선생님을 찾아가서 말씀드렸죠. "저는 이 학교에 교복바지가 있는 걸 알았기 때문에, 이 바지 하나 때문에 이 학교엘 왔습니다. 바지를 허락 안 해주면 저는 이 학교를 다닐 수가 없을 것 같습니다." 그래서 저만 예외로 교복바지를 입었죠. 치마는 불편했어요. 치마를 입어서 활동이 불편했다기보다는 치마를 입는다는 것 자체가 불편했던 것 같아요. 물론 활동의 불편함도 있었고, 남들이 봤을 때 나는 치마가 별로 안 어울릴 텐데 그걸 입어야 한다는 불편함도 있었고, 그걸 입으면 꼭 여자 같은 행동을 해야 되니까 그런 불편함도 있었죠. 그러니까 치마교복을 입으면 누구나 다 여자다운 행동을 하길 바라는데, 그게 제일 불편했던 것 같아요. 그런 것처럼 저는 다른 ftm들처럼 어렸을 때부터 남자라고 생각하지는 않았지만, 그래도 남자 같은 면이 한둘 정도는 있지 않았을까 생각해요. 이런 행동들을 '남자처럼'이라고 생각하는 사람도 있잖아요. 저도 옛날에는 행동 자체가 남자 같았는지도 몰라요.

한무지 교복치마 입는 게 정말 싫었죠. 처음 중학교 올라가서 교복치마를 입고, 게다가 검정 스타킹을 신고 학교를 가는데 정말 싫었어요. 치마가 싫었던 거죠. 치마교복을 입어야 한다는 압박이 그냥 싫다는 말로는 설명이 안 돼요. 학교를 다닌 지 보름 지나고 나서인가, 교장실 앞에서 3일을 수업도 안 들어가고 버텼어요. 나 치마 못 입겠다, 나를 퇴학시키든가 아니면 다른 방법을 강구해 달라. 교장선생님이 운동하기 불편해서 그러냐고 하시더라고요. 그때 제가 태권도부였거든요. 그래서 결국 바지교복을 입게 되었죠. 그나마 다행인 것이 남녀공학이었거든요. 왜 그랬는지는 잘 모르겠어요. 활동하기 불편해서라기보다는 그냥 싫었어요.

고종우 근데 아까 얘기한 것처럼 중학교 때는 남들이 보기에도 남성적이었고 스스로도 남성의 역할을 했지만, 줄곧 그랬던 것은 아니었어요. 고등학교에 막 들어갔을 때는 학교에 나랑 비슷한 친구들이 몇 명 있었는데 그런 친구들이 굉장히 싫어지더라고요. 그 친구들 쳐다보는 것조차 싫었어요. 그때는 트랜스젠더라는 개념도 몰랐으니까, 내가 남자다 여자다 그런 개념이 없는 상황에서 무언가가 불일치한다는 것이 싫었어요. 또 내가 '남자 같은 여자'로 다른 친구들한테 비춰진다는 것도 굉장히 싫었고요. 그래서 고등학교 1학년 때는 말투라든가 그런 것들을 의도적으로 여성스럽게 바꾸려고 많이 노력을 했어요. 하지만 지금에 와서는 내가 여성스럽게 바꾸려고 노력했던 것들이 굉장히 후회돼요. 그리고 상처로 남아 있어요. 중학교 시절 친구들이 같은 고등학교에 몇 명 있었는데, 그 친구들이 중학교 시절을 얘기하면서 중학교 때는 제가 거의 남자였는데 많이 달라졌다고 놀리곤 했어요. 중학교 때 사진이 참 많았는데 고등학교 1학년 때 다 없앴어요. 그 모습을 보는 게 너무 싫어서. 그때 만약에 내 자신에 대해서 남성적인, 그러니까 ftm남성의 존재를 알고 그것을 긍정하는 법을 일찍 배웠더라면 제가 20대 때 방황하는 기간이 없었겠죠. 아마 그랬다면 다른 남자들과 똑같은 성장과정을 거쳤을 거예요. 방황하는 기간도 좀 줄었겠죠.

<u>한무지</u> 저도 그렇게 하려고 노력한 적이 있어요. 중학교 때 정체성에 대해서 고민하지 않았을 때, 그리고 그럴 필요성도 못 느끼고 있었을 때, 한번은 무슨 일이 있었냐면 속옷을 안 입고 왔다고 선생님한테 심하게 혼난 적이 있어요. '저는 선생님을 유혹하려고 속옷을 안 입고 왔습니다' 라는 팻말을 들고 벌을 섰어요. 지나가는 선생님마다 출석부로 한 대씩 때리고, 여자라면 당연히 입어야 한다고 야단치고. 그때 뭔가 굉장히 부대끼더라고요. 내가 생물학적 여성인 건 확실한데, 근데 왜 난 그걸 거부할까. 그 고민을 줄곧 하다가 고등학교 올라가면서 여자가 한번 되어 봐야겠다고 생각했어요. 주어진 대로 살아 봐야겠다. 치마교복을 입고 캔디구두를 신고 학교에 갔어요. 노력을 많이 했죠. 여자 애들하고 대화도 해보려고 노력하고, 심지어 연예인 멤버 외우고. HOT는 몇 명이고 1집에는 무슨 노래가 있는지랑 노래가사도 다 외웠어요. 근데 안 되더라고요. 결국 겉돌게 되더라고요.

결국은 돌이켜 보면, 10대 시절이 저에게 있어 가장 남자다워 보이려 했던 시기였던 것 같아요.

당시에는 여성으로서 갖고 있는 남성성에 불편함도 느끼지 못했어요. 고등학교 가기 전까지는 성차별을 느껴 본 적도 없고, 내가 여성으로 인식되고 있다고 느낀 적도 없죠. 선생님이나 친구들과의 관계에서도 그렇고, 아무도 나의 성별이라든가 내가 남성적으로 행동하는 것에 간섭하지 않았어요. 여성을 비하하고, 마초처럼 굴고. 아마도 그때가 내가 가장 남성적으로 행동하려 했던 시기인 것 같아요.

김명진 사실 저 같은 경우엔 남성적으로 행동하기보다 성격대로 한 거예요. 그걸 사람들이 남성적으로 받아들이니까 불편한 거죠. 만약에 정말 호적과 상관없이 사람들이 '저 사람은 그냥 저런 스타일의 사람인가 보다', '저 사람은 원래 저런가 보다', 그렇게 생각하고 이해만 했어도 불편함은 없었을 거예요.

한무지 저는 아까 얘기한 것처럼 소위 노는 아이였어요. 근데 여자들 무리에 있었던 것이 아니라 남자 애들하고 주로 놀았어요. 처음에는 여자들하고 같이 싸움도 붙고 그랬는데, 나중에는 뭔가 합의 같은 걸 했던 것 같아요. 저하고 여자 애들하고 붙으면 게임이 안 되니까. 아무래도 저는 운동도 많이 했고 하니까. 당시에는 작다는 콤플렉스가 있었는데, 그렇게 작은 건 아니었지만 남자 애들보다는 작으니까 그게 콤플렉스가 돼서 미친듯이 운동을 했어요. 격투기 같은 거라든가, 모래주머니를 달고 철봉에 매달리고. 하여튼 애들 무리에서 재는 여자가 아니다, 잘못 태어난 거다, 그렇게 인식이 돼서 자연스럽게 남자 애들하고 놀았던 것 같아요. 그냥 별 무리 없이 받아들여졌어요. 편하게 지냈고. 가끔씩 야한 것도 돌려 보고, 직접 써서 친한 애들한테 보여 주기도 하면서 인기를 좀 얻었죠.

고종우 그게 참 아쉬운데, 좀 전에도 얘기했듯이 어렸을 때 저는 열등감이 많았어요. 경쟁심도 많고. 그래선지 자라면서 제대로 관계를 맺어 본 적이 없는 것 같아요. 여자친구들하고는 관심사가 다르니까 모여서 얘기해도 할 얘기가 별로 없더라고요. 특히 여성스러운 친구들하고 있으면 같이 나눌 수 있는 대화가 거의 없었고, 관심사도 다르고. 다른 친구들한테 관심도 없었고. 그렇다고 남자친구가 많았던 건 아니에요. 남자친구도 없었어요. 남자 애들한테 열등감을 가졌었나봐.

저는 열등감이라든가, 승부욕이라든가 그런 것들이 굉장히 강했어요. 어릴 때부터 게임이나 내기를 하면 여자들한테는 져 줘요. 사실 내가 승부욕이 별로 없거든. 져 주는 것에 재미를 느낀다고. 근데 남자들하고 하면 이상하게 승부욕이 생기는 거야. 남자들한테 지는 것을 굉장히 싫어했지. 내가 남자니까. 내가 남잔데 남자로 못 사니까. 내 외모가 여자니까 열등감이 있는 거지. 지금은 정리가 되지만 그땐 왜 그런지 모르면서도 그냥 그랬어요. 그냥 일상생활 자체가 어색했어요. 모든 것들이 아귀가 안 맞았지. 옷차림부터 시작해서 남들하고 굉장히 달랐어요.

한무지 아, 굉장히 특별한 친구가 한 명 있었죠. 지금도 많이 친하고, 중학교 때부터 알게 된 친구예요. 남자아이인데, 저를 남자로 대했죠. 제가 생물학적으로는 여자라는 사실을 알고 있었는데도 꿍장히 허물없이 지냈어요. 그냥 자연스럽게 받아들여 줬던 것 같아요. 아주 예전에 그 친구가 한번은 별 생각 없이 "아, 몸도 찌뿌듯한데 사우나나 갈까?" 하고 얘기한 적이 있어요. 그러더니 "아, 맞다. 너 사우나 못 가지?" 라고 하더라고요. 항간에서는 그 친구랑 저랑 사귄다는 소문도 있었어요. 여행도 같이 많이 다니고, 커다란 배낭에 텐트 넣고서 여기저기 돌아다니고……. 성교육도 그 친구가 해줬어요. 여기서 정자가 생기고, 페니스가 어떻게 생겼고, 섹스는 어떻게 하는 것이고. 가장 많은 추억과 기억을 공유한 친구죠. 술 취하면 생각나는 친구이고.

정말 창피한 얘기인데, 어린시절에 그 친구랑 장난처럼 '설정놀이' 라는 걸 했어요. 설정놀이라는 것 속에서 '나' 를 만들고, 그 속에서 관계를 만드는 거예요. 어떻게 보면 내 연기 인생의 시작이었죠. 예를 들면, 제가 21살의 대학생 남자가 되는 거예요. 그리고 소개팅도 하고 그래요. 옆에서 물론 그 친구가 도와줬죠. 남성으로 대접받고 그런 것들이, 내가 남자로 통한다는 것이 기분 좋았어요. 제가 남성으로 행동하는 데 일종의 역할 모델이 된 친구이기도 하죠. 아버지랑 그 친구가 가장 가까이서 볼 수 있는 남자였으니까.

고종우 남자처럼 하고 다녀서 그런가? 아까도 얘기했듯이 중학교 때 남자처럼 하고 다녀서 그런지 친구들한테 고백받은 적도 있어요. 근데 너무 엄청난 애한테 받아서 오히려 당황스러웠지. 예쁘긴 했어도 덩치도 크고. 핸드볼 선수야, 게다가 주장. 전혀 생각지 못했는데 자율학습 시간에 날 부르더라고. 그래서 나갔어요. 7, 8시만 되면 깜깜했는데 건물 밖에 나가서 벤치에 앉더니 나한테 고백을 하는 거예요. 너한테 특별한 감정을 느낀다, 이런 식의 얘기를 하는 거예요. 그냥 빨리 교실로 들어가고 싶더라고. 선배 같은 느낌을 주는 애가 그러니까 빨리 그 자리를 벗어나고 싶더라고. 또 수업시간에 나만 쳐다보는 애도 있었고, 소풍 가면 나한테 뽀뽀하는 애도 있었어요. 그렇다고 이상한 생각이 들거나 하지는 않았어요. 희한하게 그런 것들은 당연하게 받아들여지더라고. 아무 부담도 없었고요. 문제는 마음에 맞지 않는 애가 고백을 한다, 그런 점들이 문제였던 거지 굉장히 자연스러웠고 고민도 없었어요.

한무지 저도 여자친구들한테 인기 있었어요. 빼빼로데이 같은 날에는 책상 가득 선물이 쌓이고 그랬어요. 애들이 보기에 제가 좀 위태위태해 보였는지 많이 챙기더라고요. 여자 애들 3명이 아침마다 집에 와서 학교에 데리고 가고, 점심 때 밥 안 먹고 있으면 끌고 가서 먹이고, 어떤 애는 노트 잘라서 러브장도 만들어 주고. 중학교 때는 힘들면서도 재미있는 시기였죠.

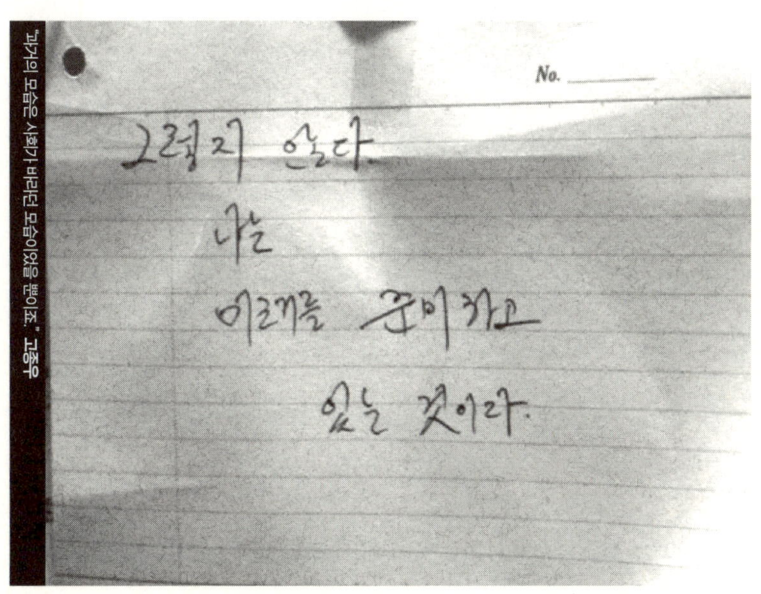

"과거의 모습은 사회가 바라던 모습이었을 뿐이죠." 고종우

고종우　중학교 때 내가 상당히 좋아했던 여자애가 한 명 있었어요. 정말 좋아했어. 너무 좋아해서 다른 친구들이랑 같이 집에 가다가도 그 친구가 생각나면 "나 가야겠어", 그러고는 먼 곳까지 보러 가고 그랬어요. 그냥 평범한 여자애였어요. 고백은 안 했어요. 그냥 서로 너무 좋아했는데 자연스러워서, 그냥 자연스러워서 고백 같은 건 안 했어요. 근데 나중에 절교편지를 받았어요. 너무 충격이었지. 인생이 허무하더라고. 그러다가 고등학교 때도 좋아했던 친구가 있었죠. 근데 제가 휴학을 하는 바람에 그 여자애를 볼 수가 없었지. 집에 있으면 그 친구가 너무 생각이 나는 거야. 너무 보고 싶고. 그래서 그림까지 그렸다고. 결국 나중에는 전화번호를 알아내서 전화해서 만나자고 그랬죠. 성당에서. 불러서 고백을 한 거야. 그 친구가 어이없어 하더라고. 하지만 역시 부담은 없었어요. 이상하게 내 존재에 대해서는 싫어했으면서도 내가 좋아하는 감정에 대해서만큼은 아무 거리낌이 없었어요. 나중에도 내가 여자를 사랑한다는 걸 깨달았는데, 그때에도 마찬가지였어요. 사랑 자체에 대해서는 거리낌이 없었어. 이상하게 그런 측면에서는 주저되는 것이 없더라고.

김명진　제가 아까 얘기했던 옷 벗어 준 친구도 사실 좋아했던 친구죠. 그게 남자로서 여자친구를 감싸 주는 것이었을 수도 있고, 여자로서 여자를 사랑하기 때문에 그런 면이 나타났던 것이었을 수도 있고, 아니면 그냥 친구가 떨고 있어서 옷을 벗어 줬던 것일 수도 있죠. 기사도처럼 행동하고 싶어서 그랬을 수도 있고. 근데 여러 생각을 해볼 수 있지만, 그때 당시에는 내가 남자친구였으면 하는 생각이 있었던 것 같아요. 그리고 초등학교 3학년 때 같은 반 여자친구에 대한 사랑의 열병을 앓은 적이 있었어요. 그때가 사춘기였던 것 같아요. 그 친구를 바라보면서, 물론 당시에는 동성애라는 걸 잘 몰랐으니까, 그 냥 막연하게 내가 그 친구의 남자친구였으면 좋겠다고 생각했죠. 근데 고등학교 때도 그랬고, 사회생활 하면서도 그랬고 남자친구를 만났던 적도 있어요. 별다른 애정의 감정은 없었지만. 남들한테 보이기 위해서 사귀었던 것 같아요. 여학생이었으니까. 그런데 남자를 사귈 때와 여자를 사귈 때 굉장히 달랐어요. 남자를 사귈 때에는 최대한 얌전하게 보이려고 했어요. 밥도 조금 먹었고, 목소리도 최대한 얌전하게 내고. 여자를 사귈 때에는 편했기 때문에 긴장하지 않았는데, 남자친구 앞에서는 긴장하면서 최대한 여성스럽게 행동하려고 했던 것 같아요. 잘 보이려는 긴장이라기보다는 내가 다른 성으로 보일 법한 행동은 하지 않기 위한 긴장이었죠. 여자친구랑 있을 때에는 편하게 다리 벌리고 앉는데, 남자친구랑 있을 때에는 최대한 다리 모으고 조용히 얌전하게 앉기도 하고.

한무지 전 첫사랑이 중학교 때, 연상의 누나였어요. 저보다 3, 4살 정도 많은 누나였는데 굉장히 좋아했고 동경했어요. 부산 사람이었는데 통신을 하다가 만났어요. 전화비도 어마어마하게 나왔죠. 하루 일과를 시시콜콜하게 다 보고하는 거예요. 틈만 나면 부산으로 내려가고, 누나가 수학여행 오면 근처에 가서 기다렸다가 같이 놀고. 정식으로 사귀는 건 아니었지만, 그건 누가 보더라도 사귀는 거였어요. "보고 싶다, 우리 무지 조금만 기다리면 아이스크림이랑 맛있는 거 사 들고 갈게, 독서실에 우리 무지 사진 붙여 놓고 공부하니까 잘 돼. 사랑해", 이런 얘기들을 매일 전화 통화로 하곤 했어요. 물론 제가 여자라는 걸 알고 있었어요. 아마 제가 처음이자 마지막으로 '언니'라고 불렀던 사람일 거예요. 그러다가 일방적으로 연락을 끊더라고요.

상처도 많이 받았죠. 나중에 다시 연락이 돼서 통화를 한 적이 있었는데, 제가 여자를 사귄다고 하니까 화를 내더라고요. 자기 때문에 그렇게 된 것 아니냐고. 근데 "난 트랜스젠더다", 그런 얘기들을 하니까 이해하더라고요. 그리고 이제 '누나' 라고 부르겠다고 얘기했고. 보고 싶네요.

고종우 난 고백만 했나 봐. 제대로 된 연애 경험이 별로 없어요. 한번은 20살 때쯤, 그러니까 대학 새내기였는데 종교 모임을 통해서 한 친구를 만났어요. 근데 한참을 못 만나다가 26, 27살쯤에 우연히 다시 만나게 됐어요. 갑자기 전화번호 하나가 떠올라서 전화를 했는데 그 친구더라고. 대학교 때는 친하게 지냈으니까 그 친구도 반가워하고, 그렇게 다시 만나게 됐죠. 그런데 그 친구를 대하면서 차츰 제가 친구 이상의 감정을 가지고 있었다는 걸 깨달았어요. 이성으로 대하는 감정을 발견한 거지. 이성적인 끌림이 있잖아요. 그 친구를 놓치기가 싫더라고. 이 친구와 관계를 계속 유지하고 싶기도 하고. 아, 이게 사랑이구나. 그래서 고백을 했죠. "나는 이상하게 너를 꿈에서 꾼다. 꿈에서 꾸는데, 사춘기 애들이 몽정을 하듯이 나는 너를 대상으로 그렇게 꿈을 꾼다", 했더니, 기겁하더라고요. 아무 말도 안 하고. 그 당시에는 저를 동성애자라고 생각했어요. 한참 매스컴에, 동성애 커뮤니티 같은 것들이 뉴스에 나오고 그랬거든. 그걸 보면서 뭔가 맞아떨어지는 느낌이 들더라고. 나중에야 내가 동성애자가 아니라는 걸 알았죠.

김명진 동성애자 커뮤니티에서 한 여자친구를 만나게 됐는데, 그 친구랑 사귀게 됐어요. 그 친구랑 8년 동안 사귀었는데, 3살 연상이었어요. 5년 동안 같이 살았는데 저랑은 달리 굉장히 사근사근하고 애교도 많고 그런 친구였어요. 부부처럼 살았어요. 그 친구는 제가 남자처럼 하고 다니는 것들을 싫어하기는 했지만, 주인집도 우릴 부부로 알고 있었어요. 계약할 때도 그랬고. 그때 처음 남자 속옷을 입어 봤어요. 주인집이랑 같은 건물에 사니까, 빨래 같은 거 내다 걸면 왔다 갔다 하면서 보게 되잖아요. 그래서 주인집도 있고 하니까 남자 속옷으로 하자, 해서 처음으로 남자 속옷을 입었죠.

그 친구가 엄마한테도 잘 했어요. 엄마도 딸처럼 대하셨고. 물론 엄마는 그냥 친구인줄 아셨죠. 근데 그 친구와 헤어지게 된 계기가, 그 친구네 가족들이 저희 관계를 알아채고 엄마한테 얘길 한 거예요. 엄마 충격이 대단하셨죠. 5년 동안 가족처럼 지냈던 내 자식의 친구였는데, 그래서 내 딸처럼 정말 친하게 지냈는데, 그 친구의 언니를 통해서 제가 동성애자라는 걸 아신 거예요. 배신감이 굉장히 크셨죠. 그래서 그 이후부터는 제가 여자만 데리고 가면 상당히 민감해하세요. 적대시하시고. 그러다가 나중에 제가 성별변경을 하는 데 결정적인 계기를 제공한 그 여자친구를 만난 거예요. 3년 정도 동거를 하면서 가장의 역할을 했죠. 싸우기도 많이 싸웠어요. 대체로 좀 사소한 것들 가지고. 여자친구가 외출하면서 컴퓨터 안 끄고 나왔다든가, 보일러를 안 끄고 나왔다든가, 마트에 가서 여자친구는 좋은 거 먹인다고 참치 하나를 사더라도 유명한 브랜드를 사려고 하는데 나는 십 원 아끼겠다고 마트직속 브랜드 사자고 그러고. 조잔함이죠. 저는 꼼꼼한 건데, 남들은 조잔하다고 그러더라고요. 근데 관계는 레즈비언 관계로 보였을 수도 있지만 저는 그냥 남자의 역할을 했던 거예요. 남자로 정의내리지는 않았지만 남자의 역할을 해야 한다고 생각했었고, 그렇게 행동했었고. 싸움이 크게 일어났을 때 여자친구가 화가 나서, "네가 남자도 아니잖아. 네가 남자야? 남자도 아니면서 네가 내 남편이라도 돼?"라고 말한 적도 있어요.

 전 저와 여자친구의 관계가 레즈비언 관계로 보일 거라
고는 생각도 못했어요. 고등학교 때 만난 여자친구가 있었어요. 제가
무척 좋아했어요. 물론 나중에는 들통 났지만, 처음에는 그 친구한테
절 남자라고 속이고 만났어요. 당연히 저를 피했죠. 근데 제가 엄청
쫓아다녔어요. 다행히 잘 돼서 사귀게 되었는데, 정말 지극정성으로
잘 했어요. 매일 아침마다 그 친구가 좋아하는 초콜릿 하나를 사서 그
친구 학교 앞으로 가서 주고, 학교 끝나기 기다렸다가 집에 바래다주
고, 자장가 불러 주고. 하루하루 일과랑 그 친구를 생각하는 내 마음
같은 것들, 같이 하고 싶은 것들, 뭐 그런 것들을 적어서 노트도 만들
어 줬어요. 생일 때는 이벤트도 해주고. 그렇게 6개월을 했어요. 그런
데 그렇게 지내면서도 우리 관계를 레즈비언 관계로 생각해 본 적이
없었어요. 주변 사람들이 그렇게 보고 있다는 사실도 굉장히 나중에
서야 깨달았지. 내가 호르몬을 하고, 트랜스젠더라고 주위 사람들한
테 커밍아웃을 한 그 순간에, 다른 사람들이 나와 여자친구의 관계를
레즈비언 관계로 보고 있었다는 사실을 알았어요. 나는, '나는 남자
고 저 사람은 여자다'라고 생각했고, 그래서 우리의 관계를 이성애
관계로 죽 생각해 왔던 거예요. 도대체 무슨 근거로 내가 그렇게 생각
했는지 잘 모르겠지만, 나를 여자로 알고 있던 사람들한테조차도 내
가 남자로 보일 거라고 끊임없이 생각했던 거예요. 무슨 확신을 갖고
그렇게 생각했는지 모르겠어요. 신기하죠.

고종우 근데 26, 27살 즈음에 좋아했던 그 친구를 만날 당시에
는 저를 동성애자라고 생각하기는 했지만, 뭔가 좀 알 수 없는 기분이
들기는 했어요. 남자에 대한 열등감 같은 것들. 어느 날은 그 친구가
소개팅을 한 거야. 그리고 소개팅한 놈을 우리 가게에 끌고 와서 함께
술을 엄청 마신 거야. 그때 집에서 가게를 했고, 제가 가게 일을 도와

주고 있었거든요. 그 놈이랑 나랑 엄청 술을 마시고 취해 버려서 싸웠어요. 둘이 엄청 피 터지게 싸웠다고. 근데 그 여자친구가 나만 놔두고 그 놈을 데리고 가 버리는 거야. 그래도 친군데, 나를 챙겨 줘야지. 소개팅에서 몇 번 만난 그 친구를 챙겨 가지고 간 거야. 속상해 가지고. 머리통도 엄청 큰 놈인데. 내가 왠지 무능하게 느껴지더라고요. 그 놈한테 무능, 열등감 같은 것들이 느껴지더라고. 아무 말도 없이 가방 싸 가지고 그 놈이랑 가 버리니까 굉장히 섭섭했지. 지금도 의문이야. 정말 나한테 아무 느낌 없었을까.

김명진　　좀 다르긴 하지만 비슷한 감정을 느껴 본 적이 있어요. 좀 전에 얘기한 8년 동안 사귄 그 여자친구랑 헤어지고 잠깐 아르바이트를 했던 학원에서 한 친구를 만나게 됐어요. 4개월 정도 학원 강사를 했는데, 제가 가르쳤던 학생 중에 저한테 호감을 보인 친구가 있었어요. 그때 학원 사람들은 제 성별을 알고 있었는데, 친한 학생들 몇 명을 빼고는 학생들은 저를 다 남자선생님으로 알았던 거예요. 나한테 호감을 보인 그 친구도 물론 그랬죠. 조마조마했어요. 그 친구랑 4개월 정도 연애 비슷한 걸 했는데, 그 친구가 날 남자로 알고 있으니까 들킬까봐 조마조마했죠. 밖에 나가서는 문제가 없었는데, 일단 학원에서는 제 성별을 아는 사람들이 몇 명 있으니까. 그 친구한테 나름대로 깔끔하고 단정한 정장차림을 보여 주고 싶어서 넥타이라도 매고 가면, "왜 오늘은 남자 같이 입었어요?"라고 묻거든요. 그때 상황은 호르몬도 안 했고 수술도 안 했고, 여성스럽지는 않았지만 레즈비언의 부치 모습이었죠. 남자처럼 보이고 싶었던 건 아니고, 그 사람하고 있으면서 그 사람이 생각하는 사람이 되고 싶었어요. 그 사람이 나를 남자로 생각하고 있었고, 남자친구로 대해 줬으니까. 내 성별이 남자였으면 하는 게 아니라, 그 사람한테 어울리는 사람이 되고 싶었던 거죠. 남자로서의 열망이 아니라 그 사람이 생각하고 있는 그런 남자친구, 아니 그런 사람이었으면 좋겠다. 근데 더 큰 문제는 그 친구가 남자친구가 있었어요. 결혼할 남자가 있었던 거예요. 결국 그 때문에 헤어졌는데, 당시에 좌절감 같은 게 느껴지더라고요. 이래서 보통 남자들하고 경쟁이 안 되는구나. 심지어 패배감까지 들기도 했어요. 나는 정상적이지 않구나. 일반 남자가 아니기 때문에 이 사람한테 자신감 있게 고백할 수도 없으니까.

긍정하기
힘든 몸 :
여성육체에 대한 갈등과 부대낌

고종우 가슴을 도려내고 싶다고 생각한 적도 있어요. 한참 클 때는 도려내고 싶다는 충동을 느꼈어요. 저는 브래지어를 안 하고 살았어요. 중학교 때 할 수가 없더라고. 브래지어를 한다는 것 자체가 창피해서 못 하겠더라고요. 가슴이 나왔어도 그걸 한다는 것 자체가 그렇게 창피하더라고. 그래서 어릴 때 가슴이 나오기 시작할 때는 수건으로 동여매서 가려 보려고 했는데, 너무 두꺼워서 안 되겠더라고요. 나중에는 붕대로 감았어요. 근데 숨을 못 쉬겠더라고. 도저히 안 되겠더라고요.

한무지 가슴이란 게 진짜 끔찍했죠. 수술한 지금에 와서는 그런 감정이 희미해지기는 했지만. 초등학교 6학년 초에 가슴이 몽우리지고 나오기 시작하면서 꽁꽁 싸매기 시작했어요. 그때부터 목욕탕을 안 갔어요. 근데 어느 날 집에서 목욕을 하고 있는데, 엄마가 문 열고 들어오는 바람에 제가 가슴이 나오기 시작했다는 걸 아신 거예요. 다음 날 그걸 사오셨어요. 왜 있잖아요, 여자 위에 속옷. 무슨 가리개. 말하려니 되게 어색하네. 하여튼 엄마가 입어야 된다고, 입어 보라고. 집에 전신 거울이 있었어요. 거울 앞에 서서 바지 입고, 그걸 입고, 모자를 푹 눌러 쓰고 나왔어요. 왠지 참을 수가 없더라고요. 그래서 중학교 입학하자마자 벗어 던지고 안 하고 다녔어요. 학교에서 체육복을 갈아입어야 되는데, 내가 브래지어를 하고 있다는 것이 너무 싫은 거예요. 많이 티는 안 나니까, 그냥 안 하고 다녔죠. 그러다가 아까 얘기한 것처럼 선생님한테 혼나고. 또 한때는 붕대를 감고 다녔어요. 그냥 가슴이 싫었어요. 뭔가 옷을 폼 나게 입어야 되는데 가슴이 티 나는 것 같은 거예요. 바지랑 남방 줄여서 몸에 딱 붙게 입고, 머리도 칼머리 해서 넘기고, 그래야 되는데 가슴이 나오면 안 어울리잖아요. 그러니까 내가 남자로 보여야 된다는 강박관념이 있었던 것 같아요. '남자로 보여야겠다.' 22살 때까지는 내 몸이 너무 싫어서 불 켜고 샤워도 못할 정도로 부대꼈어요.

김명진 저는 솔직히 다른 친구들처럼 가슴이 혐오스럽다거나 그런 건 아니고요. 그냥 불편했어요. 불편해서 싫었어요. 혐오스러워서 싫은 게 아니라, 불편해서 싫은 거예요. 어디 나가려고 옷을 입을 때 나는 편하게 티셔츠 하나에 면바지 하나 입고 다니는데, 옷을 입으면 가슴이 있으니까 자연스럽지가 않더라고요. 옷이 맵시가 안 나요. 가슴에 대한 혐오감은 아닌데, 가슴이 있다는 것 자체가 불편함이 많았던 거 같아요. 그냥 원시인 사회처럼 가슴이 있건 없건 다 벗고 다녔으면 그런 걸 못 느꼈을 거예요. 게다가 우리나라는 가슴이 있으면 여자라고 생각하고, 여자처럼 행동하고 살아가길 강요하잖아요. 그것에 대한 불만 혹은 불편함이 있었죠. 그래서 고등학교 때에는 여자들 속옷, 위에 입는 그 속옷은 거의 안 하고 다녔어요. 티가 안 나니까. 항상 체육복 입고, 헐렁한 옷을 입고 다녔으니까 할 필요가 별로 없었어요. 속옷 자체에 별로 관심도 없었고. 그러다가 2001년 즈음 사회에 나왔는데, 처음에는 뭣 모르고 그냥 다니다가 성별변경 하기 한참 전부터 붕대를 감고 다니기 시작했어요. 여자 속옷보다는 압박 붕대를 많이 하고 다녔죠. 신경 쓰이고 불편하니까. 옷 입는 것 자체도 불편하고. 제가 옷을 남자처럼 입고 다녀야겠다는 강박관념은 없었는데, 그렇게 입는 것을 좋아했어요. 그런데 옷맵시가 안 나는 거예요. 머리도 짧았고, 그냥 내가 편하게 입으면 왠지 가슴에서 걸리는 거예요. 다 자연스러운데 가슴 때문에 폼이 안 났어요. 그래서 계속 붕대로 묶고 다니다가, 몇 년 전 여자친구를 사귀기 시작했을 때 그 친구가 스포츠 브래지어를 사 줬어요. 그때부터 계속 그것만 입고 다니다가, 여자친구랑 헤어지고 속옷을 사러 가기 쑥스러워서 몇 년 또 붕대를 감고 다녔죠. 그리고 한참 후에 압박셔츠를 입기 시작했어요.

한무지 근데 압박셔츠를 입거나 붕대를 감아도 상당히 신경 쓰였어요. 압박셔츠를 입으면 여성의 가슴처럼 보이지는 않아요. 아마도 남들 눈에는 내 가슴이 여성의 가슴이 아니라 남성의 갑빠처럼 보였을 거예요. 근데 그렇다 해도 나한테는 여성의 가슴이니까. 압박셔츠를 입고 있어도 나는 계속 신경을 쓰는 거예요. 저 사람들이 내 가슴을 여성의 가슴으로 보지는 않을까. 아무래도 가슴이 있는 상태에서 압박을 하니까 운동하는 남자들의 가슴처럼 보일 수도 있겠지만, 내 눈에는 그렇게 보이지 않으니까. 그래서 바람이 불어서 옷이 딱 달라붙는다거나, 앉아 있을 때 옷이 울면 계속 신경 쓰는 거예요. 가슴이 티가 나지 않게 계속 옷을 판판하게 잡아당기거나, 팔짱을 끼고 있어요. 특히 오토바이 탈 때 바람이 불면 진짜 신경 쓰였어요. 사실 오

오토바이 타고 씽 지나가는데 누가 봐요. 그런데도 그 상황에서도 한 손으로는 엑셀을 당기면서 다른 한 손으로는 옷을 붙잡고 가요. 그렇게 매 순간 매 시기, 버스 타고 갈 때, 지하철 타고 갈 때, 공부할 때, 운전할 때, 편할 날이 없었어요. 항상 긴장 속에서 산다는 게 너무 힘들었죠.

고종우 제가 조끼를 입는 것이 그런 의미예요. 어느 정도 커버를 하면 안 보이니까, 저는 조끼를 입는다든가 그런 식으로 가리는 거죠. 설사 평상시에는 그냥 있더라도 오토바이 탈 때는 반드시 입어 줘야 해요. 바람 때문에 체형이 다 드러나니까. 지금은 오토바이를 주로 타고 다니잖아요. 서울에 오기 전에는 주로 걸어 다녀서 평상시에 조끼를 챙겨 입고 그러진 않았다고요. 그런데 지금은 오토바이 타고 다니니까 꼭 입고 다녀야 해요. 얼마 전에 운동 좀 하려고 헬스장에 갔는데, 거기서 주는 운동복은 쪽 팔려서 못 입겠더라고. 티 한 장이니까, 체형이 다 드러나잖아요. 내 나름대로 유니폼을 갖춰 가지고 다시 가야 했어요. 운동복 중에 조끼 있는 것을 사서 입고 해야지 안 되겠더라고. 그래서 잠시 쉬고 있어요. 돈 모아서 그거 사서 하려고. 남들이 들으면 기가 막히지. 정말이지 수술하면 제일 먼저 치워 버릴 것이 조끼예요.

김명진 압박셔츠도 사실 불편하기는 마찬가지예요. 처음에는 좋았죠. 압박셔츠를 몰랐을 때에는 압박붕대를 감고 다녔는데, 아침마다 그걸 감고 다니다가 압박셔츠를 사서 입어 보니까 너무 다른 세상이 펼쳐지는 거예요. 아, 이렇게 편한 것도 있구나. 아침마다 조여 가면서 붕대 매느라 고생하다가 한 번에 입을 수 있으니까 너무 행복했는데, 입다 보니까 이것도 불편하기는 마찬가지더라고요. 특히 옷

입을 때, 그 압박셔츠가 러닝하고는 형태나 느낌이 다르거든요. 그래서 와이셔츠를 입는다든가, 얇은 옷을 입으면 비치잖아요. 러닝하고 똑같이 나오면 좋은데 다르니까 불편하죠. 여름이면 겉옷이 얇으니까, 더워 죽겠는데도 압박셔츠 위에 러닝 하나를 더 입어야 해요. 덥고, 땀띠도 많이 나고.

김명진 아니요. 저는 처음 생리했을 때 오히려 느낌이 좋았어요. 얻는 게 너무 많았거든요. 제가 고등학교 2학년 때 생리를 시작했으니까 늦은 편이었는데, 학교에서 첫 생리가 시작된 거예요. 근데 여학교에 그런 거 있잖아요. 보이시한 친구들이 인기가 많은 그런 것들이 있잖아요. 그래서 생리를 시작한 그날은 별일이 없었는데, 다음 날에 학교에 가 보니까, 제가 생리한다는 소문이 온 학교에 다 퍼진 거예요. 제 책상에 라면박스로 한 세 상자 정도의 생리대가 쌓였어요. 축하 메시지들과 함께. 농담 반이지만, 그래서 첫 생리 때는 좋았던 것 같아요.

고종우 아, 정말 쪽팔리다. 저는 이런 얘기하기가 진짜 쪽팔려요. 저희 집안이 생리가 일찍 오는 편이었는데, 제 경우는 중학교 1학년 때 시작했어요. 몇 달 생리라는 걸 겪고 나서, 어느 날 제가 흰바지를 입고 학교엘 갔어요. 흰바지를 좀 좋아했거든요. 근데 그걸 입고 학교엘 갔는데, 그게 엄청 피었어요. 그런데 저희 반이 시끄럽다고 선생님이 단체 기합을 줬는데, 반 아이들을 모두 다 일으켜 세운 거예요. 그래서 어쩔 수 없이 일어섰는데, 제가 하필이면 제일 앞자리에 있었어요. 그때 진짜 너무 창피하더라고요. 생리가 핀 자체가 창피했던 게 아니라, 제가 반 친구들한테는 남자인데. 여자인 게 탄로 난 기분이고, 잘 숨겨 오던 것이 탄로 난 기분이었어요. 그때 며칠 동안 학교 가기가 정말 싫었어요. 제가 성격이 좀 장난꾸러기였는데, 사실 그 사건 이후로 많이 얌전해졌죠. 기가 죽었어요. 너무 창피해서.

한무지 저는 초등학교 5학년 때 시작했어요. 굉장히 빨랐어요. 생리 시작했을 때 병에 걸린 줄 알고 울었던 것 같아요. 부모님한테 말도 못하고, 서점에 가서 책을 뒤졌어요. 여자의 몸과 마음, 남자의 몸과 마음, 여자의 성과 남자의 성, 뭐 그런 제목의 책이었는데 아저씨가 친절하게 시커먼 표지로 포장도 해주시더라고요. 그 책을 보고 알았죠. 그리고 왠지 내가 생리한다는 걸 들키는 것이 싫었어요. 애들도 설마했던 것 같고. 그런데 초등학교 5학년 초에 하고, 1년간은 안 하더라고요. 그러다가 초등학교 6학년 말에 가슴 몽우리 지고 얼마 안 돼서 다시 시작했던 거 같아요. 주기는 되게 길었는데, 시간이 지나면서 주기가 짧아지더라고요. 저는 생리통이 되게 심했어요. 지금은 호르몬을 맞으니까 생리를 안 하는데, 아직도 생리할 때 즈음 되면 배가 많이 아파요. 생리통이 굉장히 심해서 학교까지 쉴 정도로 앓아 누워요. 배가 되게 얼얼하고 기분 나쁘게 아팠어요. 배를 쥐어뜯어 내고 싶을 정도로. 정말 끔찍했죠. 별로 기억하고 싶지 않아요. 제일 끔찍한 건 팬티를 입어야 한다는 사실이었어요. 중학교 때부터 브래지어를 안 하면서 팬티도 안 입었어요. 아예 안 입고 다녔어요. 노팬티에 바지 입고 다녔어요. 그때는 여자 팬티가 입기 싫었던 것 같아요. 그런데 생리를 하면 입어야 되잖아요. 이게 또 딜레마였죠. 아빠 트렁크는 못 입어요. 생리대를 안착시켜 주는 것은 여자 팬티밖에 없으니까. 하여튼 초등학교 때는 생리에 대한 부대낌은 별로 없었어요. 워낙 안 했으니까. 근데 중학교 입학하면서 심해졌죠. 오죽하면 외국 사이트까지 뒤져서 템포를 샀겠어요. 그것도 아버지 신용카드 훔쳐서.

고종우 근데 제가 원래 이 부분에 대해서는 단어도 얘기 못해요. 얘기하기가 싫어요. 다른 분들은 모르겠는데, 제 경우는 이 부분에 대해서 ftm친구들하고도 얘기를 안 해요. ftm들이 모여서 여성적인 경험에 대한 얘기를 안 하니까. 사실 이런 경험에 대한 얘기는 이런 자리에서밖에 할 수가 없어요. 얘기를 꺼내게 되니까 하는 것이지. 가족도 몰라요. 어느 누구도 몰라요. 생리 얘기만큼은, 생리라는 단어를 입에 담는 것도 싫어요. 이상하게 싫더라고요. 얘기 꺼내기가 싫더라고요. 생리에 대한 경험 때문이 아니라, 생리라는 것은 여성적인 특징을 가장 잘 보여 주는 거라, 어디 가서 단어조차 꺼내는 것도 싫고……. 벼락 맞고 '생리'라는 단어를 잊어버렸으면 좋겠어요. 남들이 생리 얘기해도 난 뭔 얘긴지 모르는 걸로……. 그렇게 살았으면 좋겠어요.

김명진 저는 불쾌감이나 혐오가 있는 것은 아니에요. 그게 혐오스럽거나 거부감이 있다거나 그렇지는 않았어요. 그냥 불편함이 많았죠. 신체적으로 받아들여야 된다고 생각했고. 그리고 그런 증상들이 나타나는 경우가 있잖아요. 아프고, 짜증내고, 예민해지고, 저는 그런 건 없었어요. 단지 불편함이 있었죠. 뛰어다니거나 생활하기에 불편했죠. 게다가 제가 그 비싼 생리대를, 어머니는 그렇게 안 해도 된다고 뭐라고 하셨는데, 항상 정석대로 해야 된다고 생각했기 때문에 두 시간마다 화장실 가서 생리대를 갈았거든요. 그걸 교체해 주는 작업도 불편했죠. 불편함이지 혐오스럽거나 싫거나 하지는 않았어요. 그냥 불편함 정도.

__김명진__ 글쎄요. 저는 사실 여성육체에 대한 거부감은 없었어
요. 누누이 얘기했듯이 거부감보다는 불편함이었죠. 여성으로 태어
나서 혐오스럽다거나 그런 건 아니었어요. 그냥 불편함이 있었던 거
예요. 근데 그렇다고 저를 여자로 인식한 것도 아니었어요. 그냥 나는
사람이다. 다만 신체적으로는 여자구나. 왜냐면 화장실 갈 때 남자랑
다르고, 여자의 몸을 갖고 있으니까. 난 여자다, 그렇게 확신하고 규
정했다기보다는 그냥 난 태어날 때 여자로 태어났고, 내 주위 사람들
도 모두 나를 여자로 알고 있으니까, 그냥 인정한 거죠. 부정이 아닌
인정. 아니 인정이라기보다는 긍정이랄까.

__고종우__ 사실 20대까지는 트랜스젠더나 ftm이라는 용어도 몰랐
고, 내 존재에 대해서도 잘 몰랐죠. 근데 그러면서도 뭔가 사춘기를
겪기 전, 2차성징이 있기 전에는 저를 남자라고 생각했어요. 구체적
으로 생각한 건 아니지만 '내가 남자로 성장하지 않을까?' 라고 기대
했던 것 같아요. 아니, 기대라기보다는 설마 여성의 2차성징이 나에
게 나타날 것이라고 아예 생각을 못했어요. 2차성징이 온 다음에 완
전 충격을 먹었죠. 어렸을 때는 서서 오줌 누는 연구까지 했으니까.
하여튼 가슴이나 생리 같은 여성적인 부분들이 내 몸에 남아 있는 것
이 싫어요.

__한무지__ ftm이 갑자기 '뽕' 하고 남자로 바뀌는 게 아니기 때문
에 겪어야 되는 고통이 많아요. 오랫동안 불일치함을 느끼고, 고민하
고, 스트레스 받고, 부대끼고 하는 그 시간들을 견뎌 내야 되는 거죠.
사실 지금에 와서 생각해 보면 그 불일치함이 어떤 의미인지도 잘 몰

랐어요. 뭔지 몰랐었죠. 뭔지 몰랐지만 끊임없이 부대끼고 고민하고 스트레스 받고. 멀쩡하게 여자로 태어난 애가 왜 가슴 꽁꽁 둘러 싸매고, 그렇게 스트레스를 받았는지, 그때는 몰랐어요. 모르면서도 가슴 때문에 스트레스 받았고, 지속적으로 남성으로 보이고자 했고. 특히 저는 섹스를 할 때만큼은 남성으로 인식되고 싶었어요. 근데 내가 페니스가 없으니까, 왠지 완전하지 못하다는 생각도 들었고 충분히 서로 교감하지 못한다는 느낌도 들더라고요. 같이 한 몸이 된다는 것은 페니스와 질이 만나서 하는 섹스이고, 그것이 바로 정상적인 섹스라는 생각도 했고요. 결국은 정상성에 대한 추구였던 것 같아요. 그래서 동경했죠. 그래서 좌절도 했고. 농담 삼아 그런 얘기도 했어요. '내 손가락에서 정액이 나와.'

게다가 상황에 따라서는 저를 남자로 보고 있으니까, 가슴이라든가 여성육체에 대한 갈등이 심했죠. 한번은 밴드 멤버로 활동할

때였는데, 우리 밴드가 공연을 했어요. 근데 공연하다가 분위기가 고조되면 웃통을 많이들 벗잖아요. 멤버들도 옷을 벗고, 객석에 있던 남자 관객들도 거의 다 웃통을 벗었어요. 아마 대부분의 많은 관객들이 나를 남성으로 생각하고 있었을 거예요. 하지만 나는 벗을 수가 없잖아요. 그때 처음이자 마지막으로 음악을 하면서 자유롭지 못하구나 하는 생각을 했어요.

고종우 그런 부분들도 있었어요. 제가 가슴이 있으니까, 날 여자로 보진 않을까 하는 두려움이 있었어요. 사실 지금도 있죠. 그런 시선들이 솔직히 말해서 가장 두려워요. 날 의심하는 시선이 느껴지니까. 어떻게 보면 호르몬을 하기 전에 제 자신을 남자 같은 여자라고 생각했던 시기에 늘상 겪었던 일이에요. 그런 시선들을 항상 겪었고, 그런 두려움이 항상 있었고. 머리를 짧게 자르면 남자 같은 여자, 아니면 부치로 보는 사람들이 많았어요. 가끔 남자로 볼 때도 있는데, 목소리를 들으면 그냥 남자 같은 여자로 보죠. 그때 저는 정상적인 사회생활을 하지 못할 정도의 심리적인 위축감 같은 것을 항상 안고 살았어요.

김명진 호르몬 하기 전에는 저 사람이 남자일까 여자일까 하는 의심의 눈초리를 상당히 많이 받았죠. 저는 옛날에 그런 질문도 많이 받았어요. 심지어 아줌마들 같은 경우에는 길을 가다가 뒤에서 막 쫓아와요. 그리고 저를 잡아 세워 놓고 물어봐요. "학생, 정말 궁금해서 물어보는 건데, 여자야 남자야?" 길 가던 사람들이 쫓아와서 그렇게 물어봐요. 그럼 전 대답하죠. "마음대로 생각하세요", 그러고는 와 버려요. 그런 식이었던 것 같아요. 굳이 남자라고 표현하지도 않았고, 여자라고 인정하지도 않았던 것 같아요. 그냥 보이는 대로 판단하라고 사람들한테 맡겼던 것 같아요. 그리고 때로는 그냥 상황에 맞게 대처했어요. 고속도로 휴게실 화장실을 갈 때, 저를 아는 사람들하고 같이 가면 여자 화장실을 가야 되잖아요. 화장실 갈 때 난감하기는 해요. 어쨌든 호르몬을 하기 전에도 외모가 좀 남자 같았으니까. 어쨌든 분위기에 맞춰서 여자 화장실을 들어가는데, 들어가면 화장실에서 난리가 나요. 괜히 이상한 사람처럼 보고. 그때는 당당하게 가슴을 내밀고서는 꿋꿋하게 들어가죠. 병원에 입원했을 때도 여자 병실을 써야 하고, 여자 화장실을 가야 하잖아요. 그때도 마찬가지로 항상 가슴을 당당히 내밀고 허리를 쫙 펴고 들어가요. 그런 식으로 여잔지 남잔지 의심하는 눈초리를 상당히 많이 받았고, 그때 그때마다 상황 대처를 했죠.

근데 그런 것들이 부대끼진 않았어요. 제가 생각해도 저만의 방식을 이해하는 사람은 없을 것 같아요. 저 같은 사람은 그렇잖아요. 어렸을 때부터 자기 몸을 혐오스럽게 여기고, 자기 몸에 대해서 원망을 많이 하고. 그게 전형적인 거잖아요. 저희 같은 사람들의 특징이. 그런 사람들이 저를 보면 의아해하고 신기해하면서 이해를 못하는 부분이 많을 것 같아요. 근데 제 생각에는 저라는 사람이 이렇게 ftm의 길을 가는 것과, 또 다른 사람이 ftm의 길을 가는 것이 다를 수도 있다고 생각해요. 수많은 이유와 입장이 있겠죠. 어느 하나 똑같은 사람은 없을 거라고 생각해요. 그렇기 때문에 제가 보기에는, 이런 사람 저런 사람 다 다르지 않을까.

과거의 흔적 :
'여성' 으로서의 경험을 이야기하는 법

고종우　저는 지난시절을 생각해 보면, 남잔지 여잔지에 대한
개념이 없던 시절이었는데도 다른 여자들하고는 달리 성 역할 같은
것에 적응을 못했어요. 성 역할이라는 표현보다는, 남자면 자연스럽
게 남자로, 여자면 자연스럽게 여자로 성장해 가는 과정이 있잖아요.
근데 저는 아무튼 뭔가 안 맞는 것들이 있었어요. 그래서 어머니가 편
찮으셔서 제가 모셔야 했을 때에도 고민이 많았어요. 제가 집안일 자
체를 할 수가 없으니까. 그런 쪽에 관심도 없었을뿐더러 적응도 못했
어요. 그리고 싫어했죠. 아주 싫어했지.

　　　적응하려고 별별 짓을 다했어요. 요리책도 들여다보고. 어차
피 해야 되니까. 근데 일주일을 못 갔어요. 사실 어머니께서 편찮으시
기 전에는 한 번도 해본 적이 없어요. 청소도 그렇고, 집안일을 해본
적이 없어요. 어머니께서 병원에 입원하셔서 아버지랑 남동생이랑 3
명이서 살 때도, 거짓말 안 보태고 마루에 먼지가 수북하게 쌓여 있었

어요. 우리가 걸어가면 발자국이 고스란히 남는 거야. 아무 생각이 없었지. 이불도 안 개고 세수만 하고 나오고, 밤 되면 그대로 쏙 들어가서 자고. 밥도 밥통에 가득 해놓고, 누렇게 변할 때까지 먹어요. 반찬도 없어서 짜파게티 국물에 그냥 말아 먹고. 개념이 없는 거야. 익숙해지지도 않고. 요리든, 청소든, 집안 살림이 너무 싫더라고. 물론 다른 여자들도 힘들어하기는 하죠. 저희 누나들도 굉장히 남성적이에요. 제주도 여자들이 좀 선머슴 같은 면들이 있어서. 하지만 여자로서의 역할에 적응한다면, 여자가 완전히 남자 같은 행동을 하는 경우는 거의 없잖아요. 어느 여자가 어디 가서 술 먹고 뻗어 자고 그러겠어요. 근데 저는 그랬거든요. 저는 차원이 좀 달랐던 거예요. 보통 여자로서 적응하지 못했던 것이 아니라, 차원이 달랐던 거죠. 저는 심리적으로 불안정한 측면이 있었던 거예요. 비록 여자의 모습이었지만 뭐든지 보통 여자 애들하고는 달랐어요. 내가 여자로서 그 일들을 하기 싫은 것이 아니라, 심리적으로 뭔가 달랐던 거죠.

김명진　재밌는 것은 주변 사람들이 호르몬을 하고 호적이 바뀌기 전에는 외모가 남자처럼 보였어도 여자로 대했어요. 특히 회사에서는 더 그랬죠. 제 전공이 여자보다 남자들이 더 많이 하는 기계설계쪽이에요. 그래서 그 일을 배울 때나 직장생활에서나 대부분 남자들하고 생활을 해야 했어요. 근데 제가 여자 호적을 갖고 있으니까 그 사람들이 저를 나름대로 챙겨 주려고 했어요. 그냥 그 사람들하고 일은 똑같이 하는데, 뭔가 자꾸 다르게 대하고 챙겨 주려고 하더라고요. 저는 그 자체가 거부감이 들었어요. 그 일에 적합한 사람이냐 아니냐를 여자냐 남자냐로 구분하니까. 여자는 남자가 하는 일을 잘 못할 것 같다는 생각을 그 사람들이 하고 있었던 거죠. 제 생각에는 누구든지 하면 할 수 있는 일들인데. 지금 사회도 마찬가지이지만, 사람들은 언제나 여자, 남자를 따지길 좋아하죠. 여자, 남자를 가르는 것은 제 상식선에서는 좀 아니라고 생각해요.

한무지　저는 워낙 남자로 통했으니까. 별로 고민할 필요성을 못 느꼈던 것 같아요. 자연스럽게 그냥 그렇게 지냈어요. 물론 내적으로 고민이 없었던 것은 아니지만 대체로 자연스러웠어요. 사람들하고 부대끼거나 그렇지 않았어요. 누구나 날 언니라고 부르지는 않았으니까. 언니라고 부르면 오빠라고 불러라, 그렇게 얘기하면 오빠라고 불렀으니까.

고종우　과거라는 것은 의미가 없어요. 과거의 모습은 사회가 바라던 모습이었을 뿐이죠. 어떻게 보면 그때의 저의 모습이 거짓된 모습이죠. 지금이 아니라 그때가 거짓인 거지. 그때가 불일치되었던 그런 시기였으니까 진정한 제가 아닌 거예요. 여자였는데, 갑자기 어느 날 남자가 된 것이 아니거든요. 태어날 때부터 뭔가가 있었고. 과거에 여자의 모습이었고 여자의 삶이었지만, 보통 여자의 삶은 아니었던 거예요. 다만 사회가 여자의 모습과 행동을 요구했기 때문에, 그렇게 가르쳤기 때문에, 제가 그런 과거의 경험을 갖게 된 거고 그렇게 성장한 것일 뿐이에요. 제 자신 자체가 그런 것이 아니라는 거죠. 일반 남성들, 일반 여성들은 사람이 자기 자신대로 살지 못한다는 것이 얼마나 많은 모순을 지니고 살아가는 것인지 이해하기 힘들 거예요. 존재가 일치하지 않음으로써 겪게 되는 어려움들, 그런 어려움들을 이해할 수 있을지 모르겠어요. 우리 가족조차 이해하기 힘들어하니까. 당사자가 아닌 이상에, 자신이 직접 겪어 보지 않은 이상에는 이해하기 정말 힘들 거예요. 그래서 대부분의 사람들은 저를 '과거에는 여자였던 사람'이라고 생각할 거예요. 하지만 단호하게 말하는데 그건 아니거든요. 전제가 '과거에는 여자였다'가 아니라, '과거에는 여자의 모습이었지만 보통 여자 애들하고는 다른 친구'라는 개념으로 접근을 해줬으면 좋겠어요. 사실 그렇거든요. 여자의 모습을 하고 여자로서 사는 모습이 있었지만, 결코 그렇지 않았고 그렇게 될 수가 없었다. 거기에 모순이 있고 제 20대의 방황이 있었던 거죠.

김명진　저는 제 과거가 부끄럽거나 창피하지 않아요. 누군가 저를 '부치'라고 얘기하면, 그럴 수도 있다고 생각해요. 예전부터 만나 온 이반친구들 중에는 아직까지도 저한테 언니라는 호칭을 쓰는 친구도 있어요. 사회생활을 하다가 가끔씩 깜짝깜짝 놀라는데, 뒤에서 '언니'라고 그러면 저도 모르게 자연스럽게 뒤를 돌아보는 거예요. 돌아보면서도 깜짝 놀라는 거죠. 아, 내가 언니였구나. 이제는 아니긴 한데. 예전부터 저를 알던 사람들이 저한테 언니라는 호칭을 쓰고는 되게 민망해하기도 해요. "아, 이제는 오빠구나", 그러기도 하고. 근데 호칭에 대해선 불만도 없고, 언니라고 부르고 싶으면 부르라고 해요. 여성으로 살았던 때를 끄집어낸다고 해서 거북스럽지는 않아요. 솔직히 자연스러운 얘기잖아요. 제가 과거가 없이, 어릴 때가 없이, 뚝 떨어진 사람이 아니니까. 자라온 환경도 있고, 자라면서 추억도 있고. 과거에 여자였다고 해서 다 버려야 할 추억은 아니거든요. 저한테는 소중한 추억도 있고. 그걸 다 버리고 싶지는 않아요. 제가 예전에 여자였고 지금은 남자이기 때문에 부끄럽거나 창피하거나 그런 건 없어요. 예전에 여자였을 때도 당당하게 뭐든지 자신 있게 구김 없이 살았고. 물론 불편함은 있었지만. 다른 사람들에게는 제가 주민등록번호 2번으로 살았던 삶이 흠잡힐 일일 수도 있지만 저는 그렇게 생각하지 않아요.

한무지 ftm들이 '태어날 때부터 남자였다, 혹은 여자였다'라고 얘기하는 건 남자와 여자를 너무 딱 갈라놓는 것 같아요. 분명히 ftm들은 자신들의 경험 속에서 여자와 남자 사이를 오갔던 시간들이 존재하잖아요. 혹은 지금도 그러고 있을지도 모르고요. 그 경계 속에서 많은 고민들이 있었고, 굉장히 다른 삶과 경험들이 존재했고, 그 삶 속에서 그 개인은 자신의 그런 경험을 끊임없이 인정하거나 긍정하기 위한 노력들을 해왔을 테고. 어떻게 보면 트랜스젠더로서 겪는 고민이나 스트레스들은 그 경계 속에서 이루어지는 건데, 과거를 지워버린다는 건 그 경계를 배제해 버리는 거잖아요. 그냥 태어날 때부터 남성이었다고 전제해 버리고 정의내리면 그 경계들이 지워지는 거예요. 근데 저는 그런 생각이 드는 거죠. 그 경계들이 지워진 상황에서 내가 트랜스맨, ftm트랜스젠더로서 무엇을 얘기할 수 있는 걸까. 나의 과거를 다른 사람들과 같이 이야기하지 않고, 공유하지 않고, 고민하지 않는다면, 과연 나를 얼마나 이해시킬 수 있을까, 혹은 얼마나 소통할 수 있을까.

나는 좀더 다양한 얘기를 하고 싶어요. 난 생리통 무진장 심했는데, 그 왜 애매모호하게 아픈 거 있잖아요. 이런 얘기를 하면서 여자들이랑 같이 웃을 수 있단 말이에요. 같이 공유한 경험이니까. 나 예전에 여자로 취직했을 때, "미스 한, 커피 좀 타와 봐"라는 얘기를 들었었는데, 여자들하고 같이 "이건 너무 아니지 않아?", 이런 얘기할 수 있단 말이에요. 왜 그런 경험들을 공유하고 같이 이야기하는 작업들을 배제하는지……. 그건 일종의 편견과 제한된 관계 속에서 벽을 만드는 일인 것 같아요. 그래서 태어날 때 남자냐 여자냐를 갈라놓기보다는, 그 경험들과 노력들을 공유할 수 있었으면 좋겠어요. 그냥 있는 그대로 보면 되는 것 같아요.

고종우 저는 다르게 생각해요. 과거에 대한 이야기는 좀 꺼려 져요. 그리고 예의상 트랜스젠더들의 과거는 묻어 줘야 한다고 생각 해요. '얼마나 상처받고 살았을까?' 하고 생각해 보면, 그렇게 과거 를 파헤치면 안 되죠. 남성인데 여성의 몸을 하고, 심지어 자기가 남 성인 줄 모르고 살았으니까, 스스로 얼마나 힘들었겠어요. 그리고 돌 아보면 얼마나 안타까워요. 사회의 편견 때문에 저렇게 살았으니까 참 불쌍한 존재 아닌가, 그렇게 생각하고 과거에 대해서 너무 물어보 거나 상상하는 건 멈춰야 된다고 생각해요. 트랜스젠더의 과거에 집 착한다는 건 사회가 너무 잔인한 거죠. 과거를 통해서 트랜스젠더를 이해할 수 있는 부분도 있겠지만, 그래도 과거는 ftm남성들의 상처이

고 자기분열적인 부분이니까 들춰내고 자극하면 안 되는 거잖아요. 그 과거는 저 스스로도 원한 삶이 아니었기 때문에, 다른 사람들도 그 과거에 대해 묻지 않아야 하는 거죠. 과거는 그냥 상상하면 돼요. 굳이 '제주도에서 살았던 여자'였던 저를 알아서 뭐 하나요? 사회가 저 사람이 옛날에 어떻게 살았는가에 대해서 구체적으로 알아내려고 노력을 안 했으면 해요. '과거에는 얼마나 남자다웠을까, 얼마나 여자다웠을까?' 하는 호기심에 재미를 붙이면 안 된다는 거죠.

김명진 대개 다른 ftm들 하고는 예전에 자기가 여성이었을 때 어떠했다 하는 얘기를 쉽게 꺼내지는 않아요. 간혹 그냥 술자리에서 다른 사람들이 먼저 얘기를 꺼내면 자연스럽게 맞춰 주면서 내 얘기를 할 수는 있어도 내가 먼저 시작하지는 않아요. 제 일반 친구들은 저를 다 아니까 예전의 얘기랑 지금의 얘기를 자연스럽게 구애받지 않고 막 할 수 있는데, 다른 대개의 ftm친구들을 만나면 눈치 보게 되는 측면들이 있죠. 왜냐면 많은 ftm들이 과거를 아픔으로 생각하는 것들이 있으니까. 제가 과거의 일을 아무렇지 않게 생각한다고 해서 막 얘기할 부분은 아니라고 생각하거든요. 저도 역시 그렇게 힘들지 않았던 건 아니니까, 말하기 싫어하는 걸 이해 못하는 것도 아니죠. 그 사람들이 과거를 왜 상처로 받아들이는지 이해는 할 수 있을 것 같아요. 저도 그 사람들과 비슷한 과정을 겪은 사람이잖아요. 생각은 달라도 어차피 한 길을 걷고 있는 사람들이니까, 왜 그렇게 과거에 대해서 힘들어하고 상처로 남아 있는지 이해할 수 있죠. 아마도 생각하고 싶지 않아서일 거예요. 과거에 대한 아픔이 너무 크기 때문에 좋았던 기억도 물론 있을 테지만, 아픔이 더 커서 그 모든 것들이 다 묻혀 버리는 걸 거예요. 그래서 그 사람들은 아픔밖에 없는 기억이라고 생각하기 때문에 그걸 다 잊고 싶은 거겠죠.

<u>**고종우**</u> 내가 과거에 여자로 살았다는 것에 열등감이 있어요.
특히 저는 서른이 되어서야 제 존재에 대해서 깨달았기 때문에 더 그
런 것들이 있어요. 단도직입적으로 표현해서, 20대 때 내 존재에 대
해서 모르고 살았다는 것은 어떻게 보면 내가 여자로 살았다는 얘기
가 되거든. ftm에 대한 정보가 없어서 그랬다고는 해도 남들이 보기
에는 이해되지 않는 부분들이 있어요. 그래서 열등감이 있고, 남들한
테 알려 주고 싶지 않은 거예요. 왜냐면 남들한테 "네가 진짜 남자
냐?"라는 질문을 받게 될까봐, 그런 의혹을 받게 될까봐 두려운 거지.
사회가 이해해 주지 않으니까 두려움이 많아요. 사회가 지니고 있는
의혹의 대상이 될까봐, 의혹의 실마리가 될 만한 부분을 감추고 싶은
거지. 물론 저 스스로도 좀 당당해질 필요가 있어요. 하지만 그런 노
력을 저 개인에게만 강요하는 것은 좀 무리가 있어요. 게다가 이게 굉
장히 정신적인 거잖아. 눈에 보이는 것이 아니기 때문에, 이해시키는
데 갑갑함이 있어요.

<u>**한무지**</u> 난 과거를 감춘다는 것이, 혹은 '태어날 때부터 남자였
다. 그것이 ftm들에게는 당연한 거다'라고 얘기하는 것이 나의 경험
을 축소시키고 국한시키는 일인 것 같아요. 그렇게 얘기하면 내가 생
리통을 경험했음에도 불구하고, 생리통에 대해서 말할 수 없는 사람
이 되어 버리잖아요. 여성이 뭔지도 모르겠지만, 과거에 내가 여성 혹
은 남성으로 인식을 했든 안 했든, 육체적으로든 사회적 관계에 있어
서든 내가 여성으로서 겪었던 혹은 겪어야만 했던 아니면 여성으로
대해졌던 그 시간들은 분명히 존재해요. 내가 기억하는 것도 있고요.
근데 그런 경험이 없다고, 아니라고 한다면 내가 살아오면서 겪었던
그 많은 경험들이 무의미해지는 것이고, 또 그 경험들에 대해서 다른
사람들과 공유할 수 없게 벽을 만들어 버리는 것 같아요. 수많은 곳에

서 나를 ftm이라고 드러내고, 표현하고, 긍정하기 위해서 피눈물 나도록 노력했던 시간들이 있었는데, 그걸 설명하지 못하게 되는 거죠. 그래서 저는 차라리 그런 경험들을 같이 이야기했으면 좋겠어요. 얘기도 나눠 보지 않고, 상대방이 미리 생각해서 고민하고 판단하는 것은 안 좋은 것 같아요.

가끔씩 내가 사람들한테 상당히 조심스러운 존재라는 걸 깨달을 때가 있어요. 나는 어딜 가든 불편한 사람이 되는 거예요. 부담스럽죠. 불편하기도 하고, 불쾌하기도 하고, 자존심 상하기도 하고. 트랜스젠더라는 사실 때문에 왜 그렇게 조심스러운 사람이 되어야 하는지. 그리고 도대체 '여자로 태어났다'와 '지금은 남자이다'가 왜 그렇게 많이 부딪히는 건지도 잘 모르겠어요.

고종우 솔직히 이야기하면, 제 경우에는 주변에서 '여자였을 때'를 질문한다든지 '여자였을 때'를 상상하는 일은 실례가 아니라 상처를 주는 일이라고 생각해요. 왜냐면 딱히 잘못한 일도 아닌데, 상대방의 치부를 들춰내는 일이기 때문이에요. 물론 여자였을 때가 치부가 되는 것은 아닌데, 그런 상황을 사회가 잘 이해해 주지 못하니까. 그러니까 ftm의 과거에 대해 얘기를 나눌 때 ftm에게 상처를 주고 싶지 않으면 간단합니다. ftm이 어머니 뱃속에서부터 죽을 때까지 남자다, 그런 흔들리지 않는 명제를 가지고 있으면 됩니다. 그리고 ftm의 과거 사진이라든가 그런 것들을 보면서 '저 사람 여자구나' 하는 생각을 갖지 않는다면 상처를 주진 않겠죠. 문제는 ftm들의 과거를 이해해 줄 수 있나 없나인데, 그런 일들이 그렇게 쉽진 않을 것이라고 생각해요. 그런 점들이 불안해지기도 하죠.

성전환의 과정, 이행 그리고 신체적 변형

나는 FTM이다 :
성정체성을 확신하게 된 계기와 순간들

고종우 처음에는 저를 동성애자라고 생각했어요. 97년, 98년도 즈음, 그 당시 제주도에 있을 때 신문에서 이반단체에 관한 기사를 보게 되었고, 또 게이 정체성을 밝힌 한 분이 TV 인터뷰에도 나오고, 주변 사람들이 많이 놀라고 그랬죠. 굉장히 잘생긴 양반이 나와서, 그냥 겉으로 봐서는 누가 보더라도 평범한 남잔데, 게이라고 하니까. 근데 그 즈음에 제가 여자를 사랑한 걸 깨달았던 시기라, 그때 그거랑 맞물려서 내가 이런 정체성을 가진 사람이라고 생각했죠. 어린시절에 내가 겪었던 일들이 내가 동성애자여서 그랬었구나. 그러다가 29살 때 서울에 올라왔어요. 일단 제주도에서도 하이텔 동성애자 모임에 가입하기는 했었는데 지방에서는 오프라인 모임이 힘들어서 나가지는 못했어요. 근데 서울에 올라오면서 오프라인 모임을 나가기 시작한 거죠. 그 모임을 통해서 동성애자라는 사람들도 다양하다는 걸 알게 되었고, 여러 사람들을 만나게 되었고, 다양한 문화적 경험들도

"내일이면 털이 날까, 내일이면 목소리가 최민수처럼 될까." 한무지

하게 되었고, 상담 같은 것도 받았고. 여기저기 많은 모임들에 나갔어요. 참 운이 좋았죠. 저에게는 좋은 환경이었고. 이런 모임의 사람들은 자기 자신을 긍정하는 사람들이라, 저 역시도 제 존재가 사회에서 긍정받을 수 있는 존재라는 걸 알게 된 거죠. 나를 부정하면서 정체성을 깨달은 것이 아니라. 제주도에서 내가 여자를 좋아한다는 걸 알았을 때 신문을 통해 동성애자를 접했고, 그 사람들이 당당하게 사니까 이런 사람들이 건강한 거구나, 나 역시도 건강하고 당당한 거구나 하고 받아들이게 된 거죠.

한무지 저는 제가 동성애자가 아닐까 하는 생각에 많이 부대꼈던 때가 있었어요. 호르몬치료 전에 사귀던 사람이 전부 다 이성애자 여성이었고, 어떤 의미에서는 그때 내가 동성애를 하고 있었던 건데, 그 사실을 인정하는 것이 무척이나 힘들었어요. 옛날 일기를 보면 그런 얘기들이 적혀 있는데, 내가 동성애자일까, 나는 동성애자가 아니

다, 나는 도대체 뭐지, 나는 여자인가, 아닌데. 그럼 남자인가, 그것도
아닌 것 같은데. 뭐 이런 식으로요. 17살인가 18살인가 썼던 일기인
데, 그런 구절이 있더라고요. 학교 다닐 때 레즈비언 친구들도 있었는
데, 내가 그 친구들한테 했던 말이 "나는 니들하고 다른 거 같아", 그
런 말을 항상 했어요.

　　　　나를 남자로 확신하거나 인정하지 못했음에도 불구하고, 내가
만나고 있는 여성과 지금 나와의 관계를 줄곧 이성애 관계로 생각하
고 있었던 거죠. 그런데 한 여자친구가 나를 자꾸만 여성으로 보고,
여성으로 대하는 거예요. 그 친구는 바이bisexual였거든요. 그래서인지
자꾸 나를 여자로 대하고, 우리 관계를 동성애 관계로 생각하는 행동
을 하는 거예요. 아주 단적인 예를 들자면, "당신은 참 멋진 여자야",
"당신은 나의 마지막 여자가 될 거야", "당신 가슴은 참 예쁜 거 같
아", 이런 말들과 행동들을 자주 보여 줬어요. 사람들한테 나를 소개
할 때도 "이 사람 이래 보여도 여자랍니다", 그렇게 얘기하고. 그런데
그런 말을 듣고 온 날은 꼭 잠을 못 자겠는 거예요. 미치겠는 거예요.
못 견디겠고. 부대꼈던 거죠. 이런 이상한 기분은 뭘까, 이런 부대낌
은 뭘까 하고 계속 고민을 했죠. 이건 아니다 싶더라고요.

김명진 저 역시도 사회생활 하면서 여자친구가 있었어요. 물론
그때는 ftm이라는 것도 몰랐죠. 그냥 그때는 한 가정의 가장이라고
생각을 했었던 거죠. 그 동거가 나에게는 가정생활이었고, 그 친구가
어디 나가서 날 남편이라고 소개시켜 주길 바랐고. 그건 남자, 여자를
떠나서였던 것 같아요. 성을 떠나서 그냥 그 사람을 책임질 수 있는
가장이고 싶다고 생각했어요. 관계는 그렇게 보였을 수도 있겠지만,
레즈비언 생활이 아니라 그냥 남자의 역할을 했던 거죠. 나 스스로를
남자로 정의내리지는 않았지만, 남자의 역할을 해야 한다고 생각했

어요. 물론 그 당시에도 남자처럼 하고 다녔어요. 하지만 굳이 남자가 되고 싶어서 그렇게 하고 다녔던 것은 아닌 것 같아요. 사실 사람들이 얘기하기로는 남자처럼 하고 다녔다고 얘기하지만, 저는 저에게 편한 상태로 다녔던 것뿐이죠. 나는 나 편한 옷차림과 행동을 했을 뿐인데, 세상 사람들이 '남자처럼' 이라고 표현했던 것 같아요. 굳이 남자가 되고 싶어서 그랬던 것이 아니라, 나한테 편한 삶이, 남자와 여자의 성을 구분한다면 그것이 여자로서의 삶이 아니라 남자에 더 가까웠던 것 뿐이에요.

고종우　레즈비언 모임에서 어느 정도 지내다 보니까 제가 그 모임 사람들과 다르더라고요. 저는 처음에는 트랜스젠더 개념이 레즈비언인 줄 알았어요. 게이라고 하면 여자 같은 남자, 여자 흉내 내는 남자. 그리고 레즈비언이라고 하면 남자 같은 여자. 근데 그 모임에서 지내다 보니까 동성애자는 자신의 성을 부정하는 사람들이 아니더라고요. 하지만 저는 자신의 성을 부정하는 사람이었죠. 여기저기 모임에 나가다가 한 단체에서 그런 얘기를 들었어요. "너는 트랜스젠더다", "너는 레즈비언이 아니라 트랜스젠더다."

트랜스젠더라는 단어가 처음은 아니었어요. 근데 처음은 아니었지만 트랜스젠더라는 말을 굉장히 변태적인 의미로 생각했었던 것 같아요. 그래서 제게 다가오지 않는 그런 말이었어요. 근데 그 얘길 듣고 트랜스젠더 역시 레즈비언이라는 단어처럼 굉장히 건강하고 정상적인 단어로 다가오더라고요. 내가 그런 존재구나. 그걸 깨달음과 동시에 모든 게 정리가 된 거죠.

한무지 앞에서 얘기한 것처럼, 내가 나를 남자라고 생각하지는 못하는데, 나를 남자라고 얘기하는 시간들이 지속되어 왔던 것 같아요. 밖에 나가서 남자로서 일을 하고, 남자로 관계를 맺고, 또 어느 정도 남자로 인정도 받고. 하지만 그러면서도 나 스스로를 남자라고 확신하지 못하는 그런 모호한 시간을 보내던 중에 웹서핑을 하다가 그 배너를 보게 된 거죠. 포털사이트에 올라온 성전환수술 광고였는데, 그 배너를 클릭했더니 거기 친절하게 'ftm'이라는 용어와 함께 이러저러한 치료법과 수술 방법이 설명되어 있더라고요.

그걸 보자마자 검색을 시작했죠. 검색을 하다 보니까 친목카페, 커뮤니티가 있었고. 그 속에서 이제 내 근거를 찾은 거죠. 아, 나를 설명하는 말이 있었구나. 그때는 딱이었지, 이거 딱 나네, 더군다나 나 같은 사람들이 되게 많네. 카페 회원 수를 보니까 200명이 넘어가고 있는 거야. 다는 믿지 못하겠지만, 그래도 반은 진짜겠지. 100명이 넘는 거잖아요. 그래, 이게 가능한 거구나, ftm 수술이 정말 가능한 거구나. 고민할 것도 없었죠. 그러니까 나한테는 일생일대의 사건 중 하나였어요. 처음으로 나를 설명할 수 있는 단어를 찾았다는 것. 충격을 주기도 했고, 안도감을 주기도 했고.

고종우 나의 존재를 알게 되었다는 거는 정말이지, 저에게 커다란 안도감을 줬죠. 내가 ftm 존재에 대해서 미리 알았으면 내 인생이 얼마나 가치가 있었을까. 정말 제 인생을 얘기하자면, 사실 별로 가치 없는 시간을 보냈었거든요. 방황의 시간들이 길었어요. 내 존재에 대해서 알게 된 건 서른 살이 되어서야 그랬으니까. 어린시절은 제 자신을 긍정하지 못하는 시기였고, 제 존재에 대해서 막연하게 알고 있던, 그런 시기였으니까.

주변에서 그런 용어는 없었죠. 트랜스젠더라는 용어는 없었어요. 그리고 주변 분위기도 남자처럼 하고 다니면 안 된다고 항상 지적하는 분위기였고, 저도 그래야 되는 줄 알았고. 저 스스로도 그런 친구들을 싫어했었고. 그래서 항상 저는 불안해 보이는 존재였던 것 같아요. 방황하면서 주변 사람들한테 피해도 많이 줬고. 그래서 그렇게 제 자신을 긍정할 수 있는 시간들이 어린시절부터 차곡차곡 쌓여 왔다면 제 인생이 얼마나 가치가 있었을까, 그런 생각을 하면 많이 후회스럽죠. 하지만 나의 정체성을 알게 된 순간이 긍정적인 분위기 속에서 이뤄져서 정말 운이 좋았다고 생각해요.

김명진 저는 좀 다른 것 같아요. 사실, 남자가 되고 싶었다기보다는 남자가 되어야 했죠. 여자친구를 사귀고, 그 친구와 동거를 시작했을 때 소위 말하는 처갓집에 인사를 하러 가야 했는데, 너무 여자티가 많이 난다고 생각했거든요. 여자친구가 집에 말도 안 하고 거의 가출하다시피 나와서 저와 동거를 시작했어요. 그 친구가 대학교 입학을 앞두고 있을 때였는데, 원래는 학교에서 가까운 곳에 있는 언니네 집으로 들어가기로 되어 있었어요. 그런데 학교에서 먼 저희 집으로 와 버린 거죠.

그래서 집이 발칵 뒤집힌 상태에서, 그 친구가 선택한 것은 저를 집에다 '남자친구'라고 소개하는 거였어요. 근데 그때 제 외모가 전형적인 부치 스타일이어서 어른들이 보시면 남잔지 여잔지 구별이 안 가는 스타일이었던 거죠. 호르몬투여를 하기 전이라 목소리도 허스키하지만 여자 같은 고음이었고. 더구나 한국사회에서는 아직까지 남녀 커플만이 존재한다는 그런 고정관념이 있었기 때문에 남자가 될 수밖에 없었어요. 사랑하는 사람과 결혼도 하고 싶었고, 어렸을 때부터 가정을 많이 그리워하고 동경해 왔기 때문에 가정을 꾸리고 싶었어요.

고종우 솔직히 저는, '태어날 때부터 남자였다', 이런 표현을
쓰고 싶어요. 그런데 듣는 사람들이 그걸 이해를 못하니까. 'ftm'이
라는 존재를 모르니까. 그래서 저를 이해시키기 위해서 '남자가 되고
싶었다', 그렇게 표현하는 것이지, 사실 저의 속마음은 '태어날 때부
터 남자였다'라고 표현하고 싶어요. 어머니 뱃속에서부터 원래 남자
였다고요.

한무지 사실 저 같은 경우는 스스로를 분명하게 '남자'라고 확
신하진 못했던 것 같아요. 나를 인정할 수는 없지만 남자이고 싶은,
혹은 남자인데 남자가 아닌, 그런 애매한 느낌들이 계속되던 시간들
이 있었어요. 거기에서 갈등이 생기고, 그것이 또 콤플렉스가 되고,
그래서 어떻게 하든지 남자로 보여야 한다는 압박이 더더욱 심했던
거죠.

내가 남자야 여자야 둘 다 아니야. 그런데 남자로 보이고 싶
고, 남자로 보여야만 하고, 남자로 불려야 하고, 내가 남자인지 여자
인지 헷갈릴 때는 남자로 보였으면 좋겠어. 또 한때는 내가 자주 썼던
말이, "나는 여자는 죽어도 아니야. 근데 여자를 빼놓고 보니까 남자
밖에 없어. 그래서 나는 남잔가 했어", 내가 이 서사를 되게 많이 사
용했어요. 근데 여자가 왜 싫었냐고 물어보면 여자의 위치가 싫었다,
여자라서 끊임없이 억압당했던 그런 것들이 싫었다, 그렇게 대답하
기에는 뭔가 부족한 것 같아요. 나는 내가 원래 남자였기 때문에 여자
라는 사실이 싫었던 게 아니었어요. '싫음'이라는 단어로 표현되지
않는 지점들도 많이 존재하고, 또 여성성을 부정하기에는 지금의 나
를 설명하기도 힘들고.

김명진　저는 여자로 살아갈 때도, 꼭 남자가 되고 싶다는 생각은 없었어요. 다만 좀 전에 얘기한 것처럼 남자가 되어야만 했죠. 만약에 그냥 그대로 내가 여자를 좋아할 수 있고, 모든 조건에서 차별 없이만, 선입견 없이만 내 모습 그대로를 봐 줬더라면 그냥 태어난 그대로 살았을 거예요. 한국사회는 남자 여자의 구별이 너무 심해요. 성차별이 너무 많은 거죠. 내가 편한 스타일대로 옷을 입고, 내가 편한 스타일대로 밥을 먹고, 편한 걸음걸이로 걷고, 마음대로 자유롭게 살아가고 싶은 마음이 있었는데, 이 사회는 남자에게만 그런 허가 혹은 배려를 해주잖아요. 여자라는 타이틀을 걸고 그렇게 행동하면, 안 된다는 지적을 계속 받고 추궁을 받고. "여자가 왜 그렇게 머리를 짧게 하고 다니냐", "술자리에 왜 늦게까지 있냐", "왜 남자정장을 입고 다니냐", "왜 밥을 많이 먹냐", 살면서 계속 그런 지적을 받아 왔어요. 그런 것 자체가 사회적으로 남자들만 할 수 있다는 고정관념이 깊이 박혀 있는 것 같아요. 그런 부분이 불만이었고, 그 때문에 남자가 되어야겠다고 생각했죠.

고종우　그건 아니에요. 전 그런 건 아닌 것 같아요. 많은 사람들이 ftm들을 이해 못하니까 그런 얘기를 해요. 우리 사회가 남자 여자 차별이 심하고, 그런 사회 속에서 자기가 여자로 사는 건 싫고, 차별받는 사람이 되는 것이 싫어서 남자의 행동을 모방하게 되고, 그래서 자기를 남자로 착각하게 되는 게 아닌가. 그래서 남자가 되려고 하는 게 아닌가 하는 얘길 하더라고요. 스스로 착각할 수도 있다고 봐요. 사회에서 ftm의 존재에 대한 이야기가 없으니까. 사회에서 성전환자는 부정되는 존재고, 알려져 있지도 않고, 정리되어 있지도 않고, 의사조차도 모르는 존재니까. 정보라는 게 거의 없으니까. 하지만 저는 그런 게 아니에요. 계속 얘기하지만, 분명한 것은 남자의 그런 권위를 바라는 건 아니라는 점이에요. 여자로서 피해의식이 있어서 남자가 되고자 하는 것이 아니라는 거죠. 오히려 ftm의 삶이라는 게 갈수록 힘들어져요. 수술도 해야 되고, 돈도 모아야 되고. 사실 사회에서 남성으로 완벽하게 인정받는다는 것은 아무리 몸부림 쳐 봐도 안 돼요. 저 자신을 속여야 얻을 수 있는 것이지. 일반 남성인 것처럼 해야 인정받을 수 있는 것이지, 사람들이 내 존재를 이해해 주지 못하는 이상에는 저는 남자가 될 수 없어요. 근데 남자의 권위를 바란다거나, 차별이 싫어서 성전환자가 된다는 건 말이 안 되는 거죠.

길명진 제 상황은 그래요. 누구나 저에 대해서 할 말들이 상당히 많을 테고, 이해되지 않는 사람들도 많을 거예요. 저를 모르는 사람들은 저의 상황에 대해서 굉장히 아이러니하게 느낄 것 같아요. 태어날 때부터 스스로를 남자라고 생각하지도 않았고, 지금 호적이 바뀐 상황에서 남자로 인정받았는데도 스스로를 정상적인 남자로 생각하지 않고, 오히려 여자이기도 한 것 같다고 얘기하는 저를 굉장히 이상한 놈이라고 생각하겠죠. 하지만 제 입장에서는 남들이 아무리 남자로 인정을 해줘도, 남자라고 얘기를 해줘도, 내가 아직 아닌 것 같으면 그렇게 얘기가 나오지 않잖아요. 제 인생에 대해 논쟁의 여지가 많이 있을 수 있죠. 이해가 안 되는 부분이 많으니까 그럴 수밖에 없을 것 같기도 하고. 특히 다른 많은 ftm들과 다르니까. 다른 ftm들은 태어날 때부터 남자라고 얘기하고, 스스로가 정말 남자라고 생각하면서 생활하시는 분들도 많잖아요. 근데 이렇게 말하면 그 분들한테는 안 좋게 비춰질 수도 있는데, 저는 이 사회가 동성애자건 이성애자건 트랜스젠더건 간에 모두를 차별 없이 편안하게 대해 주는 사회였다면, 모두가 다 자연스럽게 어울릴 수 있는 사회였다면, 굳이 ftm의 길을 선택하지 않았을 거예요.

고종우 엄연하게 말해서 사실 ftm에게 있어서 여자였을 때는 없어요. 눈으로 봤을 때는 분명히 여자의 모습이고 행동도 여자 같을 수도 있지만, ftm은 엄마 뱃속에서부터 태어나고 죽을 때까지 여자였을 때는 없어요. 그냥 단지 여자로 보였던 시기가 있었던 것뿐이죠. 사회가 ftm을 그렇게 이해해 준다면 저에게 있어서 '여자였을 때' 라는, 제 일생을 두고 감추고 싶은 그런 과정은 없어지겠죠.

한무지 근데 '태어날 때부터 남성이었음' 이라는 말이 생각보다 많은 걸 담고 있는 것 같아요. 태어날 때부터 지금까지 쭉 남성이었음, 그것도 생물학적 남성이었음, 생물학적으로 남성으로 태어난 사람들과 별반 경험이 다를 게 없음. 근데 그건 아니잖아요. 왜냐면 태어날 때부터 남성이었다는 말이 태어날 때부터 정신만 남성이었다는 말과 딱 맞아떨어지진 않잖아요. 그러다 보니 태어날 때부터 정신은 남성이었음, 그리고 육체는 여성이었음, 이 사실이 빚어내는 경계들과 갈등들이 제대로 표현되지 않는 것 같아요. 그래서 '태어날 때부터 남자였어요' 라는 말이 맞기는 하지만, 나는 그 말이 기분 나빠요. 내가 살아오면서 견뎌 왔던 스트레스나 고민, 경험들이 너무 국한되는 것 같아서요. 그러니까 그 말 한마디로 설명될 수 없는 나의 수많은 경험들이나 고민들, 생각들이 별 의미가 없어지는 것 같아요. 아직 많이 고민하지는 못했지만, 내가 가슴 때문에 스트레스 받았던 것들, 내가 지속적으로 남성으로 보이고자 했던 것들이 비단 내가 태어날 때부터 남성이었기 때문만은 아닐 수 있잖아요. 다른 이유도 존재했을 수 있잖아요. 그리고 나의 지금까지의 경험들을 고통스러웠음, 스트레스 받았음, 아팠음, 그렇게 치부하면 내가 너무 비참하잖아요. 좀 더 고민해 볼 수 있는데, 그냥 나는 원래부터 남자였어, 그래서 당연한 거야, 그렇게 얘기하기에는 많은 것들을 놓치는 것 같아요. 그래서 나는 엄마 뱃속에서부터 남자였다고 얘기하고 싶지도 않고, 남자로 보이고 싶었다고 하기에는 그것도 정확히 아닌 거 같고, 남자가 되고 싶었다고 하기엔 페니스 욕망이 없었고. 그리고 '남자'가 되고 싶었다고 할 때, 그 '남자'는 뭔지……. 페니스 욕망? 남성의 사회적 지위나 위치나 권력? 확실하게는 잘 모르겠지만, 근데 그건 아닌 것 같아요. 그래서 "○○였었어요"라고 하기보다는 나는 아무것도 아니었어요. 근데 살다 보니까 ftm이네요.

김명진 사실 저는 아직까지도 저 스스로를 남자라고 표현하기에는 어색한 면이 있어요. 혼자일 때 가끔씩 나는 과연 남자일까, 그런 질문을 해봐요. 나는 과연 남자일까. 아닌 거 같아요. 그러면 나는 여자일까. 그건 더 아닌 거 같아요. 그럼 나는 뭘까. 그런 질문을 하다 보면 나는 그냥 사람인 것 같아요. 남자 여자를 떠나서 나는 한 명의 사람이고 인간이고. 남자라고 생각하지 않는 이유는 글쎄요, 잘 모르겠어요. 제가 호적이 바뀌었지만, 그건 나라의 법이 인정한 것이고 저는 아직 잘 모르겠어요. 저 나름대로의 딜레마겠죠. 저에 대해서 계속해서 질문을 던져 보지만 아직까지 답을 못 찾았어요. 세상의 그 누구도 저를 남자로 인정해 주고 봐 주기도 하고, 남자라고 정의내려 주는데, 그러나 저 자신은 딜레마예요. 죽을 때까지 딜레마일 것 같아요.

성기가 없어서 남자가 아니다? 그건 아닌 것 같아요. 성기가 있고 꼭 일어서서 소변을 봐야지만 남자라고 생각하지는 않아요. 그럼 남자로 길러지지 않아서 남자가 아니다? 그것도 아닌 거 같아요. 이미 얘기했듯이 저는 제가 옷을 골라 입기 시작했을 때부터는 항상 치마보다는 바지를 입었고 분홍색보다는 파란색을 좋아했고 인형보다는 블록 같은 것들을 더 좋아했고. 어렸을 때 여자처럼 자라지는 않았거든요. 성기가 없어서라든가, 남자로 길러지지 않아서라든가, 그런 것이 아니라 그냥 저는 저 스스로를 남자라고 생각하지 못하겠어요. 제 자신이 완전한 남자라고 소개하는 것도 뭔가 안 맞는 것 같고. 일반 남자입니다, 대한민국 남자입니다, 라고 소개하기에는 뭔가 좀 입이 안 떨어져요. 남자처럼 살아가고, 현재 남자로 인정받으면서 사회생활도 하고 있지만, 그게 매우 만족스럽거나 적당하다고 생각되지는 않아요.

고종우 우리 존재도 다양성이 있나 봐요. 나는 명확했기 때문에 혼란의 시기가 없었어요. 근데 그런 혼란을 겪는 사람들도 있더라고. 나는 사회와는 동떨어져서 혼자 살아온 시간이 길었기 때문에 용어라든가, 수술의 가능성이라든가, 그런 것들이 굉장히 반가웠거든요. 뒤도 돌아볼 것도 없었고. 근데 그 당시와 지금을 비교해 보면 좀 달라진 건 있는 것 같아요. 어떻게 보면 진화한 거지. 내 마음의 상처, 편협한 생각이 조금씩 무뎌져 가고 치유되고 있어요. 그때는 남성으로 보여야 한다는 것들에 대해서 많이 경직되어 있었고 열등감도 많았었거든요.

한무지 갑자기 번뜩 스치는 생각이 있는데, 나를 '태어날 때부터 남성이었음'이라고 표현하는 것은 주위 사람들이 나의 성별을 헷갈려 할까봐 두려워서인 것 같아요. 내가 ftm이라는 사실을 얘기하지 않았으면 그냥 나를 남자로 봤을 텐데, ftm이라는 사실을 얘기하는 순간 내가 가지고 있는 남성 정체성이 의심받게 되니까. 나는 확고할지라도 관계 속에서나 대화 속에서 나를 의심하는 시선들이 느껴지면 불쾌하고 두렵거든요.

"쟤 여자였다며?" 하면서 바라보는 시선들, 그런 시선들이 두려운 거죠. 생물학적 남성들 중에도 여성형 유방을 가진 사람도 있고,

꼭지가 큰 사람도 있고, 나보다 더 예쁘장한 사람도 훨씬 많고, 나보다 키 작은 사람도 많잖아요. 근데 내가 좀 곱상하게 생긴 이유가, 키가 좀 작은 이유가 단지 여성으로 태어났기 때문이라고 치부되는 것이, 그렇게 이해되는 것이 너무 부대끼고 싫은 거예요. 심지어는 나 스스로도 내가 여자로 태어났기 때문에 키가 작고 예쁘장하게 생긴 걸까 하는 생각이 드니까. 그렇게 생각하는 나도 부대끼는 거죠. 그래서 내가 ftm인 것을 알아보면 나의 성별이 의심받게 될 것이고, 그런 의심들 때문에 나 스스로 많이 힘들어질 것을 알기 때문에 그냥 '태어날 때부터 남성이었다'고 표현하는 것 같아요. 의심받는 것이 싫으니까요.

고종우 물론 그런 점들은 있어요. 솔직히 얘기하자면, 사실 날 남자로 그냥 봐 주었으면 좋겠는지, ftm으로 봐 주었으면 좋겠는지 잘 모르겠어요. 완벽한 남성의 몸을 갖고 싶은 욕구가 주변에서 남성으로 봐 주었으면 하는 욕구와 같은 것은 아닌 것 같아요. 설령 주변에서 내가 ftm인걸 알더라도, 내 몸이 완벽히 남자의 몸이 된다면 나는 만족할 거예요.

그러니까 주변에서 나에게 해를 가한다거나 나를 못살게 구는 상황이 없다면 굳이 나를 감추고 싶은 생각은 없어요. 일종의 테러 같은 거, 그런 것이 두려워서 감추고 싶은 거죠. 주변에서 나를 긍정해 주지 않으니까 그런 거죠. 굳이 나의 존재를 숨기고 싶은 건 아니거든요. 오히려 나에 대해서 알고, 나를 긍정해 주고, 그렇게 나를 봐 주는 것이 더 편하죠. 불이익 당할까봐 그게 두려운 거예요. 이전에도 얘기했다시피, 불이익이라기보다는 긴장감. 저 사람에게 내가 이해받지 못하고 있다는 어떤 스트레스, 긴장감. 그런 것에서 벗어나고 싶어서 감추고 싶을 뿐이에요.

 근데 사실 왜 남자가 되었나, 어떻게 ftm의 정체성을 갖게 되었나, 그 계기를 따지는 질문은 일정 정도 말이 안 되는 질문 같기도 해요. 정체성을 고민하고 확신하는 지점들이 점차 희미해지고 혼동되기도 하는 맥락이 있기 때문이에요. 그러니까 ftm의 정체성을 확신하게 된 계기를 굳이 따지자면 나의 과거 경험과 욕망을 설명할 수 있는 언어를 찾은 것이 계기라면 계기겠지만, 한순간에 갑자기 나를 남자라고 확신하고, 남자라는 정체성을 갖는다고 해도 내가 갖는 스트레스나 콤플렉스가 사라지는 건 아니잖아요. 호르몬을 하고, 수술을 하고, 일정 정도 비성전환 남성으로 사회생활을 하고, 그러한 남성의 위치를 고민하고, 그 안에서 적응하는 시기들을 겪어 오면서 나의 정체성을 둘러싼 고민의 지점들이 계속 변하는 것 같아요. 솔직히 말하자면, 난 그냥 잘못 태어난 남자야, 그러니까 수술하고 남자로 살면 돼, 그렇게 살았어요. 하지만 성전환자 인권활동을 하면서 굉장히 수많은 지점에서 새로운 고민들이 생기더라고요. ftm의 여성성, 남성성 그걸 긍정해야 하는가, 어떤 식으로 긍정해야 하는가. 더 나가자면 남성과 여성의 구분이 없었다면 트랜스젠더가 있었을까. 의학에서 말하는 성전환, 여성학에서 말하는 성전환, 그런 것들을 보면서 많은 고민들이 생기기 시작하더라고요.

'슈퍼맨' 처럼 :
호르몬투여의 의미와 변화

고종우　제가 처음 호르몬을 시작한 때는 2000년도였어요. 30살에, 많이 늦게 시작했죠. 호르몬 하기 전에는 상상하기 힘들겠지만 저는 정상적인 여자였어요. 호르몬 하고 서서히 바뀌어 나가는 거죠. 호르몬을 하는 동안 180도까지는 아니지만 120도 정도 바뀌었다고 보면 됩니다. 전 후배들한테도 호르몬에 대해 이렇게 얘기해요. "이거는 정말 부시맨한테 떨어진 콜라다", "이건 나에게 있어서 신이다." 구세주 같더라고요. 제가 제 몸을 스스로 바꿀 수는 없잖아요. 근데 주사를 통해서 제 몸을 간단하게 바꿔 나갈 수 있으니까. 실제로 정말이지 구세주 같았어요.

길명진　저 역시 기대감이 있었죠. 제가 호르몬을 시작한 것은 2006년 5월 즈음부터였는데, 그때는 기대감이 굉장했었죠. 호르몬 맞으면서 가슴이 들어갈 거라고, 혹은 목소리가 굉장히 빨리 변할 것이라고. 그냥 한꺼번에, 호르몬 맞자마자 가슴이 들어가고 목소리가 확 바뀌고. 완전히 슈퍼맨처럼, 한 바퀴만 돌면 쫙 변할 수 있을 거라는 기대감이 있었죠.

한무지 저는 2005년 5월부터 호르몬투여를 시작했어요. 처음에는 남성호르몬이라는 게 내 몸 속으로 들어와서 나를 바꿔 놓는다는 그 사실만으로도 너무 설레었어요. 어떤 변화들이 생길지에 대해서는 이미 들어서 알고 있었는데도, 당장 약을 맞고 몇 시간 뒤면 바로 그런 변화들이 올 것처럼 설레는 기분이 들었죠. 그날 밤에는 잠도 못 잤어요. 내일이면 털이 날까, 내일이면 목소리가 최민수처럼 될까, 내일부터 수염이 날까. 왠지 뭐랄까, 광고 보면 '호랑이 힘이 솟아나요', 그런 광고 있잖아요. 그런 것처럼 내 몸이 갑자기 남자로 바뀔 것만 같은, 갑자기 남성화의 꿈틀거림이 막 일어나는 듯한, 그런 기분이 온몸에 싸하게 퍼지더라고요. 나 같은 경우에는 ftm에 관한 정보를 처음 접하자마자 호르몬에 대해서 얘길 들었고, 그 정보를 접한 지 얼마 되지 않아서 호르몬을 시작했으니까, 그 정보를 알았다는 충격과 설렘이 가시지 않은 상태에서 약을 맞은 거라서 그런 느낌이 더 강했던 것 같아요. 호르몬이 마치 마법의 약 같은 기분이 들었죠.

고종우 근데 저는 호르몬에 대한 정보를 알게 된 다음에, 호르몬 주사약을 구입하고 투여하기까지의 과정이 굉장히 길었어요. 병원 진단을 받기 위해 서울에서 부산까지 갔고, 부산 동아대 종합병원에 가서 성정체성 장애 진단GID_gender identity disorder을 받기 위해 많은 시간을 기다려야 했고. 종합병원이라는 데가 시간이 많이 걸리니까. 그곳에서 정신과 검사를 하고, 그렇게 해서 일주일 만에 호르몬이 제 손에 들어왔죠. 처음에는 일주일에 한 번씩, 두 달 동안 맞았어요.

그 다음에는 그냥 근처 병원에 가서 주사를 놔 달라고 하고 있죠. 저 같은 경우에는 동아대에서 받은 처방전이 있으니까, 그게 항상 효력이 있더라고요. 근데 주사약은 일단 들고 가야 해요. 대부분의 병원에는 호르몬 주사약이 없으니까. 주사약에 대한 정보가 없는 경우도 많고, 어떤 약인지 모르는 경우도 많고, 제 존재를 이해 못하니까 어처구니 없게 대하는 의사들도 많고. 그래서 병원 바꾸는 게 싫긴 해요. 하지만 요즘 다니는 열린 내과는 좀 괜찮은 것 같아요. 이름이 '열린'이니까 다른 병원하고 다르지 않을까 하고 갔죠. 가서 보니까 한겨레신문도 보고. 여기서는 좀 구박받지 않겠다 싶어서 갔는데 저한테 거부감 없이 행동하더라고요. 간호사도 나를 다른 환자랑 똑같이 대해주고. 근데 좀 긴장감이 있기는 해요. 저 혼자만의 상상인지는 몰라도, 불편한 게 좀 느껴져요. 아무래도 나라는 존재가 약간 좀, 아무튼 좀 성적으로 자유분방하게 느껴지잖아요. 나라는 존재가 솔직히 일반 사회 속에서. 좀 그렇지 않나요? 내가 너무 많이 생각하는 건가?

한무지　아무래도 이래저래 불편하기는 하죠. 많은 사람들이 아직까지 ftm을 잘 모르니까. 저는 처음에 ftm 커뮤니티의 아는 형에게서 호르몬을 구했어요. 내 정체성을 확인받던 날, 첫 커뮤니티 모임을 나갔을 때 그 형에게서 호르몬을 받았죠. 그런데 주사 맞을 수 있는 공간이 없었어요. 나한테 딱히 나만의 거처가 있는 것도 아니고, 그렇다고 부모님 집에 가서 맞을 수도 없었고. 그래서 생각해 보니 화장실밖에 없더라고요. 화장실에 들어가서 주사를 맞았죠.

근데 공원 공중 화장실 앞에서 생각해 보니 왠지 남자 화장실에 들어가야 될 것만 같은 거예요. 내가 이 약을 맞는 순간 나는 어떤 의미에서 진정한 남자가 되는 거니까. 들어갈 때는 남자와 여자 사이의 어중간한 존재였지만 내가 약을 맞고 나면 남자 쪽에 그만큼 가까워지는 거라고 생각했죠. 그때는, 신체는 완전히 여자지만 정신은 완전히 남자라고 생각을 했으니까. '그래, 남자 화장실에 들어가서 남자로 나오자', 그렇게 생각을 했던 것 같아요. 그래서 남자 화장실에 당당하게 들어가서 주사를 놓고 나왔는데, 온 햇살이 나를 비추는 느낌, 의정부 시가지에 있는 찬란한 햇빛이 나를 비추고 있는 듯한 느낌이 들더라고요.

Q 호르몬 이후에 어떠한 신체변화가 있었나요?

고종우　호르몬이라는 것이 정말 사람의 신체를 변화시키더라고요. 본격적으로 신체가 변화했던 것은 호르몬투여를 한 지 한 달쯤 후부터였어요. 여성적인 성징들이 하나하나 없어졌고, 그 이후에는 변화가 좀 더뎠어요. 그러다가 1년이 지나니까 사람이 얼굴형도 변하고 그러더라고요. 사실 변화가 너무 서서히 진행되니까 전 잘 몰랐는데, 이전의 사진과 비교해 보면 얼굴선이 굵어지고, 골격도 좀 달라지고, 근육도 생기고 그런 게 있더라고요. 제가 가장 좋았던 것이 바로 근육이 생겼을 때. 어깨에 딱 근육이 생기고, 팔에 힘줄도 나오고. 이런 걸 쳐다볼 때 감동이 있죠.

김명진 전 처음에는 목이 굉장히 간지러웠어요. 그러다가 목소리가 점점 변성기처럼 부자연스럽게 가라앉았고, 다리에 털도 많이 생겼고, 수염도 나고. 또 예전 사진하고 비교해 보면 턱선이 각이 잡히고, 그리고 자랑도 많이 했지만 팔 같은 데 살이 없어지고 근육이 많이 생기고. 힘도 강해지는 것 같아요. 특히 신체적으로 가장 편해진 것은 한 달에 한 번, 소위 말하는 빨간날이 없어진 거죠. 또 성기 쪽으로는 음핵이 커지는 그런 변화.

한무지 커지죠. 일단 호르몬을 하면 클리토리스가 커져요. 그게 또 일정 정도 아주 작은 페니스의 모양을 하고 있어요. 커진 클리토리스라는 것이 결국 나의 페니스가 되는 거예요. 사실, 호르몬을 하기 전에는 마스터베이션을 할 때 뭔가 꺼려지는 것이 있었어요. 마스터베이션을 하면 여자로서 느끼는 것 같아서. 그런데 호르몬을 하고, 나 자신을 인정하고 나서부터는 내 클리토리스에 대한 인식이 바뀐 거죠. 내가 스스로 보기에도 작은 페니스라는 생각이 드니까. 또 마스터베이션을 하다 보면 뭔가 절정감이 느껴지는데, 그게 아는 형들한테 물어보니까 사정감하고 비슷한 것 같기도 하고. 무언가 자유로워진 거죠.

김명진 근데 호르몬투여를 하면 몸 상태가 나빠지는 건 있어요. 지금도 몸 상태가 썩 좋지는 않죠. 밖에서 주입하는 남성호르몬과 여성호르몬의 싸움이랄까. 과도한 트러블이 생기기도 해요. 하지만 계속 맞을 수밖에 없죠. 왜냐면 남자로 보여야 하니까. 호르몬을 중단하면 제 안에 있는 자궁에서 계속 여성호르몬을 만들어 내기 때문에 제자리로 돌아간다는 얘기가 있어요. 원래 태어난 그 자리, 여성의 신체로. 그런 의학적인 문제가 있어서 신체적으로 상당히 피곤하고 힘들긴 하지만, 어쩔 수 없죠.

한무지 저는 그런 상상을 한 적이 있어요. 가끔 내 안에서 여성호르몬과 남성호르몬이 싸우는 상상을 하거든요. 근데 남성호르몬은 천사고, 여성호르몬은 악마야. 아직도 생리할 즈음에는 아랫배가 아플 때가 있어요. 제가 생리통이 매우 심했었기 때문에, 그 느낌을 잘 알아요. 기분 나쁘게 아픈 거. 나는 구원받았어요. 그 고통이 너무 싫어요. 그런데 호르몬투여를 하고 나서 얻는 것도 많았지만 잃는 것도 있었죠.

저는 가장 힘들었던 것 중 하나가 목소리 때문이었어요. 옛날에 밴드도 하고 노래하는 걸 굉장히 좋아하고 가수를 꿈꾸기도 했었는데, 호르몬을 하면서 목소리가 변하니까 고음이 안 올라가는 거예요. 처음에는 이전에 내 노래를 녹음했던 CD를 들으면서 울기도 하고 그랬어요.

그리고 예상치 못한 일들도 있었어요. 당시에 제 호르몬투여 과정을 계속 지켜봐 준 여자친구가 있었는데, 호르몬을 하는 과정에서 그 친구 부모님한테 제 존재가 알려졌어요. 그 전까지는 날 여자로 알고 있었는데 호르몬을 하면서 외모가 바뀌니까 제가 어떤 사람이라는 것을 알게 된 거죠. 그러면서 많은 일들이 있었고, 그런 것들을 감당해야만 했고.

한무지 많은 어려움도 있었지만, 일단 주위의 끊임없는 의심으로부터 벗어났다는 것이 제게는 호르몬투여의 가장 큰 의미였죠. 한국사회가 성별이 여자 남자로 뚜렷하게 이분화된 사회라서, 그 한 가지에 부합하지 않는다면 혹은 무언가 뚜렷하게 드러나 보이지 않는다면 끊임없이 의심받는 사회잖아요. 특히 겉으로 드러나 보이는 것들, 그러니까 외모죠. 외모가 여자 혹은 남자로 명확히 드러나야 되잖아요. 근데 일단은 호르몬을 하면 많이 변하잖아요. 얼굴, 목소리, 외관상으로 보일 수 있는 털들과 수염. 가장 큰 부분이 목소리죠. 많은 사람들이 여잔지 남잔지 구분할 때 목소리로 일차적인 판단을 하니까. 그래서 호르몬을 함으로써 사람들의 의심스러운 시선에서 벗어나는 거죠. 남잔지 여잔지 헷갈리지 않는 단계까지는 온 거예요.

고종우 저는 분명해요. 일치감이죠. 호르몬 하고 나서는 제 자신의 일치감을 느껴요. 내 정신적으로 바라는 것과 육체의 일치감. 그런 것에서의 행복감. 호르몬이라는 것이 주사를 통해서 제 몸이 100%로는 아니지만, 그래도 내가 바라는 육체에 가깝게 일치되기 위해서 다가가는 첫발인 거죠. 굉장히 감격스러웠죠. 이 주사를 통해서 내가 변한다고 생각을 하니까 굉장히 감격스럽더라고요. 몸에 변화가 생기니까. 제가 제자리를 찾아가는 것 같고. 그게 저에게 감동을 주더라고요. 주사약이 참 좋더라고.

김명진 일치감이라기보다는 기대감 정도. 일치감이라든가, 그런 것은 못 느꼈어요. 나한테 맞는 호르몬이 들어왔다, 이런 것은 못 느꼈어요. 다만 호르몬 하기 전에는 많이 불편했으니까, 호르몬 하고 나서는 편해졌다는 점은 있죠. 예컨대, 목소리 같은 경우가 그래요. 그냥 친구들 만나면 자연스럽게 내 목소리를 냈지만, 날 남자로 쳐다보고 대하는 게 있으면 일부러 목소리를 낮춰서 내기도 하고 그랬거든요. 근데 호르몬 후에는 아무도, 어느 누구도 날 여자로 보지 않으니까 눈치 보지 않고 스스럼없이 행동할 수 있게 됐죠. 제 자신이 불편함이 많았던 것 같아요. 그러니까 제일 좋은 건 편해졌다는 거죠. 일치감이라기보다는 편함, 그거였죠.

한무지 사실 많은 ftm들이 호르몬치료 후에 갖게 되는 일치감에 대해서 많이들 얘기해요. 나의 정신과 육체, 내가 느끼는 나의 성별과 나의 육체가 다르다고 생각하고, 그것이 불일치하다고 끊임없이 느끼거든요. 그리고 그러한 불일치 속에서 내가 어떻게 보이는지, 어떻게 보이길 원하는지, 날 어떻게 얘기하고 설명해야 하는지, 많은 관계나 위치 속에서 끊임없이 스트레스 받고 고민하게 되죠. 게다가 스스로에게도 나 자신을 뭐라고 설명해야 할지 모르겠으니까. 그래서 저 역시도 그랬고, 많은 ftm들 역시 호르몬 치료를 시작하면서 그 불일치에서 오는 간극을 좁혀 나간다고 생각하는 거예요. 내가 인지하는 성별, 내 정신하고 내 육체가 말하는 성별의 간극이 호르몬을 통해 조금씩 허물어지면서 일치되는 것을 느끼는 거예요. 또 그런 과정들 속에서 내가 그동안 고민하고 스트레스 받고 고통받아 왔던 시간들을 보상받는 듯한 느낌이 들기도 해요. 이제 나 스스로를 자신 있게 말할 수 있게 되었다는 자신감, 나를 표현할 수 있는 말도 있고, 인정할 수 있는 근거도 있고, 그 근거를 얘기해 줄 수도 있고. 그렇게 나를 긍정해 가는 과정들 속에서 나의 자존감과 자신감이 커져 가는 걸 느끼는 거죠. 그러니까 나를 표현하는 ftm이라는 언어를 알게 되고, 치료가 가능하다는 것을 알게 되고, 그리고 본격적으로 호르몬을 시작하면서 '난 잘못 태어난 거야' 혹은 '정신과 육체가 불일치하는 거야' 라는 생각을 확인받게 되는 거고, 이제부터 '난 남자다' 라는 확신을 얻게 되는 거죠. 호르몬이 내가 남자임을 확인하는 첫 시작이니까, 그래서 저뿐만이 아니라 많은 ftm들이 그 호르몬치료라는 것에 대해서 많은 의미를 두고 있고, 그 일치감에 대해서 많이 이야기해요.

고종우 하지만 여전히 문제는 남아 있어요. 호르몬을 하고 신체적으로 많이 변하기는 했지만, 여전히 저를 의심하는 시선을 받는 경우가 있어요. 남잔지 여잔지 의심하는 시선. 심지어 호르몬을 8년 이상 하고 있는 요즘도 그런 시선을 받거든요. 그런 시선을 받으면 정말 두려워져요. 게다가 나는 가슴수술도 안 한 상태니까. 솔직히 가장 두려운 것이 그런 시선들이에요. 하지만 저에게 있어서는 남성으로 완벽하게 보이지 않는 중간의 과정이라는 것은 반드시 거쳐야 되는 과정이에요. 그 과정이 저에게는 필요하거든요. 근데 그 과정 속에서 제 자신을 많이 숨기게 돼요. 사람들이 많이 다니는 곳은 피하게 되고. 어떤 정상적인 생활보다는 제약받는 생활을 선택하게 되죠. 나를 남잔지 여잔지 의심하는 사람들의 시선이 두려우니까. 그래서 사실 제가 사회생활을 할 때나 사람들과 관계를 맺을 때 경계를 많이 하는 편이에요. 많이 미워하고. 어디 가서 나를 이해해 주지 않으면 증오 같은 것도 생기고, 원망도 하고. 그 때문에 항상 관계가 경직돼요. 내가 남자로 인정받나, 사람들이 이해해 주나, 그런 부분들에만 몰두하게 되고. 요즘 들어서는 나도 그런 점들을 극복해 나가야겠다고 생각하지만, 사회 분위기도 문제인 것 같아요. ftm들에 대한 제약뿐만 아니라 정상, 비정상을 가르는 사회 분위기도 문제인 것 같아요.

'남성형' 몸에
더 가깝게 :
가슴과 성기수술에 대한 욕망

김명진　네. 2007년에 가슴수술을 했어요. 아직 자궁수술이나 성기수술은 안 했고요. 사실 성별변경을 하려면 가슴수술과 자궁수술은 기본인데, 저의 경우는 좀 특이한 케이스였죠. 2006년 호적정정 당시에 가슴수술을 못한 이유는 돈도 없었고, 수술을 해주는 병원도 없었고. 건강이 안 좋아서 전신마취가 위험해서요. 그래서 못했죠. 그러다가 2007년에 가슴수술을 했어요.

한무지　가슴제거 수술, 남성화 수술, 흉곽술 등으로 이야기하는데, 하여튼 저도 2006년에 가슴수술을 했고 그 다음 해에는 유두축소 수술을 했어요. 가슴수술 하고 나서는 부작용이 굉장히 심했어요. 가슴에 피가 차서 많이 고생했죠. 근데 사람의 욕심이 끝이 없어요. 예전에는 압박셔츠 벗는 게 꿈이었는데, 수술을 하고 나니까 이제는 의심받지 않는 남성의 가슴이 갖고 싶더라고요. 웃통 벗고 수영장 놀러가고 싶고, 계곡 놀러가고 싶고, 바다에도 가고 싶고, 완벽해지고 싶기도 하고. 그래서 유두축소 수술까지 했죠.

고종우 저는 가슴수술을 안 한 상태입니다. 안 보이는 거는 제가 감췄기 때문에 안 보이는 거죠. 그렇게 해서 안 보이는 거죠. 가슴이 있는 것과 없는 것이 남자로 보이나 안 보이나 차이가 있고, 또 제 자신이 불만족스러우니까. 그것을 해결하고 싶은 거죠. 제 경우는 가슴이 거의 없어서 주변에서 수술할 필요가 있겠냐고 그렇게 얘기를 해요. 근데 저는 굉장히 의식되더라고요. 신경이 쓰이고. 이건 어쩌면 제 심리적인 문제인 것 같아요. 그래서 저는 1차와 2차 수술을 모두 하고 싶어요. 1차 수술은 가슴과 자궁을 제거하는 거고요, 2차 수술은 남성의 성기를 재건하는 건데 두 가지를 모두 하고 나서 사회생활을 새롭게 계획하고 싶어요. 내 몸에 여성적인 부분이 남아 있다는 것이 싫어요. 내 몸에서 여성적인 부분들을 없앨 수 있으니까, 다 없애고 싶은 거죠.

김명진 성기수술은 잘 모르겠고, 자궁수술은 저도 하고 싶어요. 자궁수술 같은 경우는 제가 호르몬을 하니까 트러블이 생기잖아요. 사실 지금도 내과적으로는 호르몬투여를 다 만류하는 상태인데 그냥 계속 투여하고 있는 거라서, 자궁수술을 받고 나면 호르몬을 그렇게 자주 하지 않아도 되니까. 몸도 좀 무리하지 않아도 될 것 같고. 그래서 자궁수술 역시 하고 싶어요. 근데, 단 보험이 된다면.

한무지 그렇죠. 건강상으로 걱정되는 것이 많죠. 호르몬을 2년 이상하면 자궁근종이라든가 난소암 발병률이 높아진대요. 남성호르몬과 여성호르몬이 계속 부딪히니까. 그것 이외에도 골다공증의 위험도 있고, 신장이나 간에도 무리가 가고. 그래서 자궁수술을 하고 나면 만성피로감도 없어지고, 몸이 훨씬 편해진대요. 근데 자궁수술은 건강상의 이유도 있지만 성별변경하기 위해서 필요하기도 해요. 가슴은 없는데 자궁이 있으면 아직도 여자라는 판단을 하니까. 자궁은 여성으로서의 상징이잖아요. 그래서 가슴수술은 했으니까, 이제 자궁도 없애서 성별변경의 근거를 만들어 놓고 싶은 거죠. 하지만 자궁수술 말고는 성기성형과 같은 다른 수술 계획은 없어요. 페니스에 대한 욕망이 없다고는 말 못하겠어요. 근데 덜 불편해요. 돈도 많이 들고, 의학적인 기술도 많이 부족하고. 분리피판술처럼 내 팔뚝 살 떼어 가면서까지 하고 싶지는 않은 거죠. 메토이디오플라스티Metoidioplasty 역시 너무 비인간적인 것 같고. 메토이디오플라스티는 여성 성기를 키워서 하는 수술이니까, 성기에다가 성장호르몬 맞아 가면서 매일 부황도 뜨고 그래야 하는데 저는 못하겠어요. 신경 쓰면 쓸수록 스트레스 받는 건 나니까. 매번 줄자로 재어 보고 아침, 저녁으로 약 발라 줘야 하고, 부황 뜨고. 그런 식으로 내 클리토리스, 리틀 페니스, 준비된 페니스, 표현이 분분한데 하여튼 내 성기에 그만큼 많은 관심과 시간을 쏟아 부어야 하는데 그만큼 욕망이 없는 것도 사실이고, 덜 불편하기도 하고.

고종우 저는 그렇지 않아요. 저는 성기성형도 할 겁니다. 물론 위험할 수도 있죠. 하지만 저는 그게 좋아요. 제가 수술을 성기성형까지 다 하는 것은 불편해서라기보다는 내 몸 안에 여성적인 부분들이 남아 있는 것이 싫어서예요. 다 없애고, 내 몸이 남성으로 완전하게 완벽하게 되고 싶은 거죠. 저는 사실 1차 수술 마치고 나서도 남성의 신체라인이 만들어지지 않을 것 같아서, 더 불만족스러워질 것 같아서 걱정돼요. 신체적으로는 남성의 신체라인이라는 것이 있잖아요.

어깨가 있고, 엉덩이가 작고, 그런 라인이 있잖아요. 그런 맥락이에요. 완전히 완벽한 남성의 몸을 갖고 싶은 그런 욕심, 그런 욕구로 2차 수술까지 하려고 하는 거죠.

한무지 솔직히 페니스에 대한 욕망이 없다고 하면 거짓말이죠. 예전에는 자기강박이 있었던 것 같아요. 정상적인 육체에 가까워져야 한다, 되어야 한다, 혹은 갖고 싶다. 그런 욕구들을 스스로 주지시키면서 의도적으로 페니스를 갖고 싶다고 생각했던 것 같아요. 나는 잘못 태어난 남자다, 그러니까 나는 가슴도 없어야 하고, 페니스도 있어야 된다. 끊임없이 자기최면을 걸었던 것 같아요. 하지만 활동을 하면서 이런 내 페니스에 대한 욕망이 과장되어 있다고 생각했어요. 내가 왜 페니스를 갖고 싶어 할까, 내가 비성전환 남성의 육체를 갈망하는 걸까, 소위 정상적인 섹스라는 것을 원하고 있나, 정상성의 범주 안에 들고 싶은 걸까. 많은 고민을 했는데 비성전환 남성의 육체라는 것이 나에게 의미 없게 느껴지는 지점들이 있었어요. 남근이라고 상징되는 수많은 권위와 우월성 같은 것들도 싫어졌고. 이런 고민을 하면서 성기수술을 굳이 하고 싶지는 않은 거죠. 의학기술이 좋아지고 수술비용이 싸지면 할지도 모르죠. 근데 성별변경이 된다면 평생 안 하고 살 것 같아요.

고종우 제가 2차 수술까지 하고자 하는 것은 단지 일반 남성으로 이해받기 위해서라기보다는 저의 욕망인 거예요. 사실, ftm은 영원히 여성적인 부분을 달고 사는 것 같아요. 그렇지 않은 경우도 있겠지만 그건 10명 중 1명 정도일 것 같고. 나머지 9명은 여성적인 부분이 항상 남아 있죠. 신문배달했던 데에서도 나이가 아주 많으신 분이 있었는데 어느 날 "너는 어떻게 보면 여자 같다"고 노골적으로 얘기한 적이 있었어요. 그렇게 보여요. 매일 보면 여성스러운 라인이 보여요. 첫인상만 보거나 간혹 보게 되면 다 뜯어보지 못하잖아요. 그런데 자꾸 보면 보여요. 자꾸 뜯어보면 역시 남자구나, 하는 얼굴이 있는 것 같아요. 그래서 그 여성스러운 라인이나 얼굴을 숨기는 게 한계가 있어요.

지금도 근육을 만들려고 헬스를 열심히 다니려고 해요. 상체가 빈약하니까 상체 근육도 좀 키우고, 몸에 균형을 잡고 싶은 거죠. 하지만 제가 몸 얘기를 많이 한다고 해서 외모만을 따지는 사람은 아니에요. 툭하면 근육 키운다, 헬스장 다니겠다, 내가 바라는 몸은 아놀드 슈워제네거다, 그런 얘기를 해서 오해를 살 수도 있다고 생각하는데 그것은 그냥 나의 이상형일 뿐이에요. 그냥 남자로서 이상형을 가질 수 있잖아요. 그 정도 가지는 것 뿐이에요. 내 자신이 그런 몸과 일치할 것이라는 기대는 안 해요. 죽었다 깨나도 못하죠. 어떻게 감히 그 몸을 만들어. 내가 보통 비성전환 남성이라고 하더라도 많은 걸 포기해야 얻을 수 있는 것이지. 헬스장에서 하루 종일 살아야지.

근데 제가 외모, 외모 하는 것은 제 외모가 현재 만족스럽지 못하기 때문이에요. 일치만 되면 외모 가지고 할 얘기가 없지. 그냥 아주 평범한 외모를 바랄 뿐이에요. 똥배가 나와도 되고, 그냥 평범한 남자의 몸을 바라는 거예요. 그래서 저는 돈만 모인다면 바로 수술부터 할 거예요. 그래야 몸의 균형도 맞고, 제가 바라는 것처럼 남자로 인정도 받고. 그런 상황 속에서라야 직장생활을 하든 장사를 하든, 제 나름대로 계획하면서 사회생활을 편하게 할 수 있을 것 같아요. 돈을 모으는 것이 가장 문제죠. 1차 수술하는 데는 1천만 원 정도, 2차 수술하는 데는 2천 5백만 원 정도, 수술한 다음에는 한두 달 쉬어야 하니까 여유분까지 합해서 그 정도 모아야 되는데 쉽지 않더라고요. 돈을 모은다는 게 많은 걸 포기하고 모아야 하는 건데, 모으다가도 술

한 잔 먹으면 모은 돈 다 날아가 버리고. 이번에는 술도 끊고 부지런도 좀 떨고, 그리고 몸도 좀 챙겨 가면서 돈을 모아야죠.

김명진　저는 좀 특이한 것이, 호적이 1번으로 바뀌고 나서 가슴수술을 했어요. 그래서 수술하는 것이 쉬울 줄 알았어요. 남자인데 가슴이 있으면 큰 병이잖아요. 그러니까 당연히 의료보험을 적용받아서 아주 저렴하게, 아주 편안하게 수술을 받을 수 있을 것이라 기대하고 병원을 알아봤죠. 그런데 가슴절제 수술은 다 성형으로 들어가서 의료보험 적용이 안 된다고 하더라고요. 그래서 또 여기저기 알아봤죠. 보건복지부에 문의도 하고 상담도 하고 항의도 하고. 하지만 안 된다고 하더라고요. 그러던 중에 우연히 TV에서 여성형 유방에 관한 이야기가 나왔어요. 옳다구나, 이걸로 적용받아서 수술하면 되겠구나. 열심히 연습하고 준비해서 병원을 찾아갔죠. 의사가 질문하면 언제부터 가슴이 나왔다고 대답할까, 어렸을 때부터의 스토리를 다 지어내서 외웠어요. 의사가 물어볼 말을 대충 연습했죠. 근데 그런 건 안 물어보더라고요. 하여튼 여성형 유방으로 의료보험을 적용받아서 수술을 하게 됐죠.

한무지　물론 가슴수술이라는 것이 쉬운 결정은 아니었죠. 명진 씨랑은 다르게 저는 성별변경이 안되어 있는 상황이라 의료보험을 적용받을 수 없으니까, 경제적인 부분도 상당한 부담이었고. 하지만 어쨌든 나는 수술을 계속 준비하고 있었어요. 돈도 계속 모으고 있었고. 이러저러한 것들을 많이 고민했죠. 수술은 어디서 해야 될까, 언제 해야 될까, 주변 사람들한테 어떻게 말해야 될까, 가족들한테는 어떻게 말해야 될까. 처음으로 병원에서 가서 상담을 받고 나오는데 너무 긴장되고 기대되더라고요. 병원에서 수술가격을 많이 할인해 주겠다고 해서 더욱더 기뻤죠. 천주님, 부처님, 예수님, 돌아가신 아버지까지, 모두 날 도와주시나 보다.

김명진　근데 의료보험을 적용받아서 싼 값에 수술을 하게 된 것까지는 좋았는데, 검사과정에서 좀 철렁한 일들이 있었어요. 수술 전에 초음파 검사를 하더라고요. 의사가 옷 좀 올려 보세요, 그래서 제가 소심하게 옷만 만지작만지작 그랬더니 훅 하고 올려 버리는 거예요. 제 가슴이 여자로 따지자면 작은 편에 속하지만, 아무리 그래도 유방이나 유륜, 젖꼭지가 여성의 가슴 형태하고 웬만큼 비슷하잖아요. 아니, 비슷한 게 아니라 똑같잖아요. 하여튼 그래서 초음파 검사를 하는데 의사가 놀라더라고요. 이렇게 완벽하게 여성 같은 가슴은

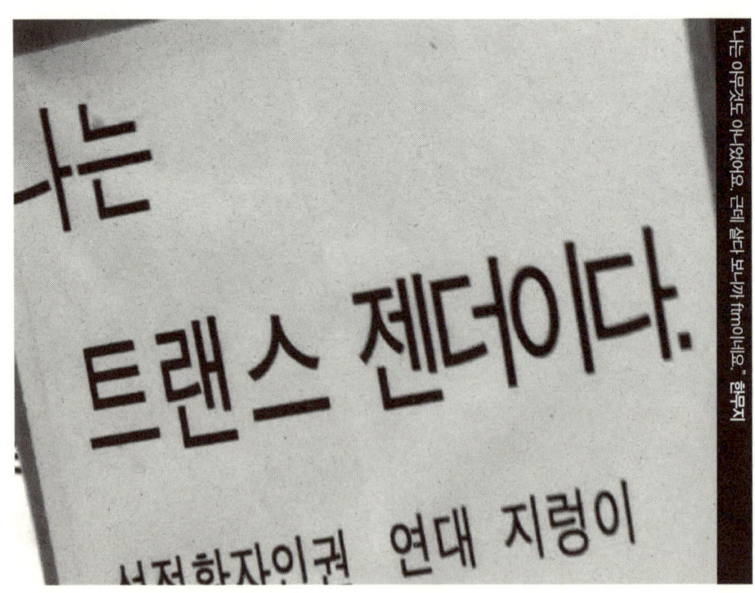

처음 본다고, 어떻게 이렇게 유선조직이 완벽하게 퍼져 있을 수 있냐고, 이 가슴은 여성들 아니면 정말 보기 힘든 여성형 유방인 것 같다고. 저는 피식 웃었죠. 웃기잖아요. 정말 여성이 아니면 보기 힘든 여성형 유방이라는데 웃기잖아요. 그런 에피소드도 있었고, 또 하나가 더 있는데 호르몬 검사를 할 때였어요. 병원에서 호르몬 검사가 필요하다고 얘기하더라고요. 정말 놀랐죠. 왜냐면 성별변경 할 때 피검사를 했는데, 여성과 남성호르몬의 수치가 거의 비슷하게 나온 거예요. 저는 그 전까지는 남성호르몬을 맞고 있었기 때문에 여성호르몬은 줄고, 남성호르몬 수치가 높아졌을 줄 알았거든요. 근데 호르몬을 하더라도 여성호르몬이 줄거나 하는 건 아니더라고요. 다만 일반 여성에 비해 남성호르몬 수치만 증가되는 것뿐이죠. 그래서 호르몬 검사를 하면 내가 한 거짓말이 탄로 날 것 같아서, 내가 여성형 유방을 가진 남자가 아니라 트랜스젠더라는 사실이 탄로 날 것 같아서 조마조마했죠. 하지만 결국에는 그 검사도 무사히 통과가 되어서 수술 날짜가 잡혔어요. 다행이었죠.

한무지　그렇게 염원하던 수술을 한다는 것이 무척이나 설레기도 했지만 두렵기도 했어요. 수술 전날에는 생전 안 하던 기도까지 할 정도로 설레고 긴장되고 두렵고, 복합적인 기분이었죠. 수술을 하러 들어가기 직전에는 공포를 느꼈죠. 내가 수술하다가 죽으면 어쩌지, 수술비용이 너무 싼데 수술은 잘 될까. 사실 수술대에 올라가면서도 수술을 해야 되나 말아야 되나 고민스러웠어요. 내 가슴이 오픈되었다는 것이 창피하기도 했고, 지난 시간들이 너무 서럽기도 했고. 매 순간 긴장하면서 살았던 그 시간들이 하나하나 생각나더라고요. 그러다가 아버지 생각이 많이 났어요. 아버지께서 살아 계셨다면 나를 인정해 주셨을까, 지금 보고 계실까.

김명진　　저는 아무 생각 없었는데, 수술하러 수술실에 들어갈 때는 아무 생각 안 나던데요. 사실 저는 수술 자체보다는 수술하기 전에 내가 한 거짓말이 탄로 날까봐 조마조마했던 점들이 많았어요. 수술 당일에 어떤 일이 있었냐면, 제 경우는 유륜조직이 너무 커서 전신마취를 해야 하기 때문에 소변줄을 달아야 한다고 하는 거예요. 철렁했죠. 소변줄을 배에 다는 것도 아니고, 목에다 다는 것도 아니고, 바지를 벗고 소변줄을 달아야 하니까. 이거 큰일 났다, 어떻게 해야 하나, 수술하지 말고 그냥 집에 갈까. 간호사를 진짜 계속 붙잡고 늘어졌어요. 저는 평소에도 화장실을 잘 안 가고요, 물도 한 모금 안 마셨고요, 위부터 장까지 깨끗해서 하나도 나올 것이 없다고, 혹시 몰라서 기저귀까지 하고 왔다고, 그러니까 소변줄 안 달아도 된다고 간호사를 붙잡고 늘어졌죠. 결국 간호사가 말싸움하다가 질렸는지 마음대로 하라고 그러더라고요. 병원에서는 저를 남자로 알고 있는데 바지를 벗으면 제가 여자인 것이 탄로 나니까, 정말 철렁했죠.

한무지　　수술을 하고 나와서 마취 깨고 눈을 딱 떴는데 왈칵 눈물부터 나더라고요. 수술을 했다는 만족감이나 좋은 기분보다는 이전의 생활들이 눈앞에 지나가더라고요. 그렇게 힘들게 돈을 벌었는데 한순간에 나가니까 허무하기도 하고. 한 달에 50만 원씩 벌어서 30만 원씩 2년 동안 꼬박꼬박 저축하면서 그렇게 아득바득 모은 돈인데. 친구들하고 술 한 번 제대로 못 마시고, 어머니 옷 한 번 못 사드리고, 동생 용돈 한 번 못 주고 모은 돈인데. 허탈하고 허무하더라고요. 사람이 굉장히 원하던 걸 이루면 갑자기 힘 쫙 빠지면서 허무해지는 거 있잖아요. 게다가 집에 얘기도 못했으니까 걱정도 되고 서럽기도 했고. 나는 왜 이렇게 태어나서 이런 수술을 해야 되나, 우리 할머니 말씀따라 뭐만 하나 달고 태어났으면 이렇게 힘들게 살진 않아도 됐을 텐데. 원망, 서러움. 과연 내가 축하받아야 될 일인가 싶기도 하고. 이제 내가 뭘 위해 살아야 하나, 막막함도 들고. 수술하고 한 달 동안은 무척 힘들었던 것 같아요. 아프기도 했고, 어머니하고 마찰도 있었고. 근데 나에게 있어서는 너무나 자연스러운 삶의 경과들이었 고, 꼭 해야만 하는 수술이었죠. 그러니까 수술을 해야 된다는 사실은 이미 내 인생에 깔려 있는 전제였고, 필수불가결한, 꼭 해야 되는 것 이었어요.

김명진 허무함? 서러움? 그런 생각은 들었죠. 저도 어머니한테 말하지 못했으니까 아침에 혼자 수술하러 병원을 가는데 혼자 가도 괜찮을까, 혹시 잘못 될지도 모르니까 누구 한 사람은 함께 있어도 좋 았겠구나, 그런 생각은 들더라고요. 워낙 건강이 안 좋으니까 많이 걱 정되기는 했어요. 수술하기 전날 통장정리까지 다 했거든요. 친한 동 생한테 계좌번호랑 비밀번호랑 적어서 메일로 보내고. 혹시 형한테 무슨 일이 생기면 뽑아서 엄마 드리라고. 근데 다행히 수술이 잘 끝났 죠. 수술이 끝나고 나서는 뭔가 허전하기는 했어요. 가슴이라는 것이 지금까지 나와 함께 해온 거잖아요. 어떻게 보면 내 인생과 함께 한 동반자였으니까. 그런데 그런 생각도 했어요. 2006년 9월에는 27년 동안의 성별을 버렸고, 2007년 9월에는 30년간 같이 해온 신체를 버 리는 구나.

한무지 가슴수술이라는 것이 항상 내가 붙들려 살아왔던 것이 었어요. 압박셔츠를 벗고 반팔 티 하나만을 입고 돌아다니는 것이 그

때는 소원이었으니까. 압박셔츠를 몇 년 동안 입었고, 심지어 그 전에
는 붕대로 꽁꽁 싸매고 다녔으니까. 지금 생각해 보면 독하다, 어떻게
그러고 살았을까, 어떻게 그렇게 버텼을까, 그런 생각이 들죠. 지금은
자연스럽게 하는 행동들이지만, 민소매 티셔츠 하나만 입고 쓰레기
를 버리러 나간다든가 여름에 남방 하나만 입는다든가, 그때는 꿈도
못 꿨으니까. 어떻게 보면 구원받았다는 생각도 들어요. 행동도 그렇
고 옷 입는 것도 그렇고 편해진 거죠. 물리적으로도 심적으로도. 24
시간 내내 신경 쓰고 긴장하는 많은 순간들에서 벗어난 거니까. 해방
감, 안도감 같은 거죠. 나는 내 생애 티 한 장만 입고 돌아다닐 거라고
는 상상도 못했으니까. 수술이 어떻게 보면 나를 바꿔 놓기도 했고,
그만큼 중요한 의미를 지니기도 하고. 아무튼 좋아요.

김명진　그렇죠. 가슴수술을 하고 나서는 세상 살기가 굉장히
편해졌죠. 그동안 갖고 있었던 부담감이 좀 없어진 것 같아요. 저는
성별변경을 한 다음에 수술을 했으니까, 남자로서 사회생활을 하면
서 가졌던 인생의 부담감이 줄었다고 해야 되나. 한번은 교통사고 나
서 병원에 입원한 적이 있었어요. 피검사도 그렇고, 입원할 때 이것저
것 정밀 검사해야 되니까 싫어서 그게 싫어서 매우 작은 병원에 갔어
요. 저희 동네 개인병원에서는 심전도 같은 것은 안 하기에 저는 개인
병원에서는 다 안 하는 줄 알았어요. 그런데 오자마자 피 뽑고 심전도
하고 그러더라고요. 심전도 할 때 최대한 배를 들입다 내밀고 가슴에
손을 얹은 채, 그렇게 했는데 간호사가 "손 좀 내려 주세요", 그러는
거예요. 신경전 하다가 다가오기에 가슴을 조금 올렸는데 간호사가
갑자기 훅 제쳐서 철렁했죠.

　　가슴이 있다는 것 때문에 어떤 상황 속에서도 끊임없이 고려
를 하고 신경을 써야 해요. 특히 여름 같은 때, 회사생활에서 남자들

이 힘들게 일을 하고 나서 하는 일은 딱 두 가지가 있어요. 웃통을 벗고 에어컨 바람을 쐰다든가 등목을 한다든가. 근데 저는 그 사람들 앞에서 단추 두 개 정도 풀고 바람을 쐴 뿐이지 자신 있게 웃통을 벗지는 못했어요. 그게 일종의 로망이었죠. 그리고 제일 불편했던 점은 압박셔츠를 입어야 한다는 점이에요. 와이셔츠를 입고 넥타이를 매야 하는데 일단 가슴이 없는 것처럼 보여야 하니까, 압박셔츠를 입어야 했고, 압박셔츠가 그냥 러닝셔츠처럼 안 보이기 때문에 언제나 그걸 가리기 위해서 반소매 티셔츠를 또 입어야 하는 불편함이 있었죠. 땀띠는 달고 살았고, 덥고 불편하고 그랬어요. 근데 이제 편해진 거죠.

한무지 진짜 곤혹이에요. 압박셔츠라는 것이 나와 있는 가슴을 압박해서 남자가슴처럼 보이게 할 정도면, 내 생각에는 코르셋보다 더 압박하지 않을까 싶어요. 압박셔츠를 입으면 소화가 안 돼요. 딱 얹혀서 음식이 내려가지 않는 것 같아요. 처음 한 달간은 숨도 쉬기 힘들더라고요. 그걸 입고 운동을 한다는 것은 도저히 상상도 할 수 없는 일이었고, 나가서 밥도 잘 못 먹었어요. 특히 여름에는 진짜 그래요. 압박셔츠가 가장 필요할 때가 여름이잖아요. 근데 티가 나면 안 되니까 티셔츠 안에 압박셔츠를 입고, 또 그 위에 반팔 남방을 항상 겹쳐 입었어요. 땀도 많이 나고, 옆이 빨갛게 헐고 그랬어요. 그런 수고로움과 불편함을 감당하고 견뎌 내면서까지 가슴이란 걸 가리고 싶었던 거예요. 보여 주고 싶지 않았어요. 왜냐하면 남자한테 그게 달려 있으면 안 되니까.

압박셔츠를 입는다고 나의 불편함이 덜하냐. 덜하긴 하죠. 하지만 없어지진 않죠. 압박셔츠를 입어도 바람이 불면 옷이 달라붙어서 여자가슴으로 보이진 않을까 항상 긴장했어요. 벗으면 내 눈에 보이는 내 가슴이라는 것, 그걸 어떻게 견뎌 냈는지, 내가 참 용하다 싶어요. 친구들하고 얘기할 때도, "다시 가슴 달리면 어떻게 할래?", "그럼 그냥 죽을래", 그러니까 가슴수술 한 다음에는 스트레스가 확실히 덜하죠.

김명진 콤플렉스예요. 가슴이라는 게 스스로에게 콤플렉스니까 계속 압박셔츠를 입어 주는 거예요. 사실 제가 가슴이 큰 편은 아니었어요. 예전에 여자친구도 그냥 살찐 남자가슴처럼 보인다고 그랬어요. 근데 자기 콤플렉스인 거죠. 그래서 완벽하게 남성가슴처럼 보일 수 있도록, 신체에 딱 달라붙는 가슴을 원하는데, 신체적으로 나왔던 가슴은 호르몬으로는 들어갈 수 없으니까 수술을 할 수밖에 없었고, 수술 후에는 그런 콤플렉스와 불편함에서 벗어난 거죠.

한무지 재미있는 일이 있었는데, 수술한 지 얼마 되지 않아서 내시경 검사를 하러 병원에 간 적이 있었어요. 검사를 하려고 웃통을 벗었는데, 의사가 언제부터 여성형 유방이 시작되었냐고 묻는 거예요. 여성의 유방에서 여성형 유방이라는 소리를 들으니까 상당히 기분이 묘하더라고요. 이제는 내 가슴이 여성이 아닌 남성의 가슴으로 통과가 되는구나. 처음으로 수술한 것이 실감났죠. 그 이후에는 퀴어 퍼레이드 때, 백주대낮에 길거리에서 웃통을 벗었어요. 근데 사실 많이 망설였어요. 내가 웃통을 벗어도 되는 상반신인가. 아주 솔직히 말하자면 내 가슴이 남자가슴으로 보일까, 그런 망설임이 있었던 거죠. 수술한 후의 상황은 굉장히 만족스러웠지만 수술한 후 가슴의 상태는 그다지 만족스럽지 않았으니까. 거울을 보면, 내가 보기에도 여자가슴 같기도 하고 남자가슴 같기도 하고. 그래서 내 가슴이 도대체 어떻게 보일까, 계속 의심했어요. 수술을 해서 내 가슴이 만족스럽다거나 자랑하고 싶어서 웃통을 벗었다기보다는 그 반대였던 것 같아요.

내 가슴이 ftm의 가슴이라는 걸 보여 주고 싶었던 것이 아니라, 수술하지 않은 가슴으로 보이고 싶었던 거죠. 남성의 가슴으로. '나는 웃통을 벗을 수 있는 남성의 가슴을 가지고 있다', 그걸 보여 주고 싶었던 것 같아요. 어떻게 보면 수술한 가슴이라는 것은 내가 여성의 가슴을 가지고 있었다는 사실을 드러내는 거잖아요. 그런 게 너무 싫은 거죠. 근데 웃통을 벗었을 때 옆에서 걸어가던 사람들이 굉장히 많이 호응을 해주셨어요. 굉장히 묘하더라고요. 일정 정도 내가 자신을 가져도 되는 상반신이구나, 자신을 가져도 되는 가슴이구나. 해방된 느낌이 들었어요.

공식화된 남성 :
성별변경의 필요와 과정들

김명진 저는 2006년 9월에 성별변경 판결을 받았습니다. 성별
변경을 받으려면 가슴수술은 기본이고, 자궁도 적출을 해야 하고, 성
기성형도 해야 돼요. 근데 저는 건강이 좋지 않아 전신마취가 불가능
한 상태여서 수술을 할 수 없었어요. 그래서 가슴수술과 자궁수술은
안 한 상태였고, 호르몬만 하고 있었어요. 옷을 벗지 않으면 남자의
모습인데, 옷을 다 벗으면 여자의 몸 그대로였던 거죠. 수술을 하나도
하지 않은 몸으로 성별변경이 된 것은 대한민국에서 절대 희박한 결
과인 거죠.

성별변경을 하게 된 계기는 결혼이 하고 싶었어요. 그냥 ftm
을 떠나서 결혼이 하고 싶었어요. 제 입장에서는 결혼할 수가 없었으
니까. 아무리 결혼하고 싶어, 결혼하고 싶어, 결혼하고 싶어, 외쳐도
저의 호적으로는 결혼할 수 없었으니까. 성별을 바꾸어야만 가능한
거였잖아요. 물론 당시에 사귀었던 여자친구는 제가 남자가 될게, 라

고 했을 때 반대했어요. 그냥 너의 모습을 좋아해서 시작했고, 그냥 너의 모습을 사랑하고 싶다. 찬성하기보다는 제 선택에 반대했어요. 하지만 저는 그 여자의 주변인들, 그 여자와 관련될 주변인들, 그리고 우리가 살아가면서 만나게 될 모든 사람들한테 당당해지고 인정받고 싶었어요. 레즈비언 커플은 비난받지만, 남자 여자 커플은 축하와 격려를 받잖아요. 그런 반응을 받고 싶었던 거죠. 제 착각이었지만, 그렇게 하면 여자친구가 편안하게 아주 행복하게 지낼 줄 알았어요. 저만의 생각이었지만 나도 안정감을 느끼고, 그 친구도 나로 인해서 좋을 거라고 생각했어요.

고종우 아직 성별변경은 하지 않았어요. 근데 하고 싶죠. 주변에서 저라는 존재를 이해하는 데 너무나 많은 시간이 걸리고, 오해도 많고. 저랑 같이 지내는 가족조차도 저를 이해하지 못하고 저의 행동에 대해서 오해하고 그러는데, 사회에서 부딪치는 사람들은 오죽하겠어요. 이해를 못하니까 오해하게 되고, 그런 오해 때문에 내 감정은 꼬여만 가고, 스트레스 쌓이고 화도 나고. 이제 그런 것들을 겪고 싶지 않아요. 그런 것들에서 편해지고 싶은 거지. 주민번호가 1번으로 바뀌면 그런 고민들이 사실상 없어지니까, 그래서 하고 싶은 거죠.

한무지 그렇죠. 그런 점들이 있어요. 다른 사람들에게 나를 끊임없이 설명하고 설득해야 하는 상황에 놓이게 되니까 이제는 지쳐요. 그래서 때로는 거짓말을 해야 돼요. 주민등록번호를 제시해야 될 때에는 그냥 사정이 있다고 하면서 얼버무리고 넘어가기도 하는데, 그래도 상황에 따라서는 사람들에게 그 사정을 설명해야 하잖아요. 나는 트랜스젠더라서 그렇다, 이렇게 말할 수는 없잖아요. 내가 주민번호가 2로 시작하는 이유를 만들어 내야 하는 거예요. 거짓말을 하는 거예요. 근데 이게 벽을 만들어요. 애초에 시작이 거짓이니까. 일정 수준 이상을 이 사람한테 말할 수가 없어요. 나한테 있어 가장 중요한 사실을 거짓말을 하고 있는 거니까. 또 내가 그것을 계속 인지하고 있으니까, 계속 자괴감이 들죠.

예전에 직업학교 다닐 때 친한 형이 있었는데, 그 형한테 큰맘 먹고 이야기를 했어요. 근데 그 형이 나중에 40년 뒤에 얘기하자, 그렇게 말해 주더라고요. 아마 눈치 채고 있었을지도 몰라요. 진짜 고마웠어요. 그리고 미안했죠. 내 상황을 이해하려고 하는 사람들한테 거짓말로 시작해서 거짓말로 막을 내리고 있는 듯한 느낌이 들더라고요. 미안하기도 하고, 그러면서도 나는 참 거짓으로 포장해야 하는 인간이구나, 내가 트랜스젠더라는 사실은 숨겨야 하는 거구나, 쪽팔려야 되는 거구나, 그런 생각에 서글프기도 하고. 하지만 적어도 호적이 바뀌면 그런 거짓말은 안 해도 되니까. 거짓말을 해야 할 이유가 없어지는 거니까. 그래서 성별변경을 하고 싶어요.

고종우 사실 저는 예전에는 성별변경에 대해서 그렇게 크게 생각하지는 않았어요. 그냥 필요한 상황이 되면 하려고 했죠. 제 경우는 면접을 보고 서류를 내는 4대 보험이 되는 직장을 다니는 게 아니라서, 성별변경이 그다지 필요하진 않다고 생각했어요. 그때는 좀 긍정적으로 생각했죠. 주변에서 완전히 이해하지는 못하더라도 제가 사는 데에는 크게 무리가 없을 거라고.

근데 지금은 꼭 내 주변에서만 스트레스를 주는 게 아니라, 저 스스로 항상 스트레스를 받으니까. 이제 그 긴장에서 벗어나고 싶어요. 저를 1번으로 덮어 두고 싶어요. 주변 사람들은 제가 알려 주지 않는 이상에는 제 존재에 대해서 모르니까, 1번이 되면 더 모르겠죠. 지금도 잘 몰라요.

한무지 밖에 나가면 어느 누구도 나를 트랜스젠더라고는 생각하지 않죠. 그래서 더욱더 성별변경을 하고 그냥 일반 남성으로 지내고 싶은 거예요. 성별변경을 하면 세상 살기가 훨씬 수월해지겠죠. 지금은 매 상황이 스트레스예요. 국민관리 시스템이 1번과 2번으로 성별을 가르지 않았다면 그냥 살 수도 있을 거예요. 근데 그렇지 않으니까, 바꿔야지 어떻게 하겠어요. 내가 수술을 하고 호적정정을 하면 평범하게 살 수 있으니까.

김명진 저 역시 호적을 바꾸게 된 직접적인 원인은 여자친구 때문이라고 해도, 사실상의 원인 제공은 사회가 한 거죠. 사회에서 생활하기가 불편했으니까. 취업 때문에 면접을 가려고 해도 마땅히 입고 갈 옷이 없었어요. 면접 보러 가는데 면바지에 티셔츠를 입고 갈 수도 없고, 그렇다고 여자정장을 입을 수도 없는 거고, 여자정장을 입어 본 적도 없고. 집에 있는 거라고는 정장바지에 와이셔츠 정도. 넥타이는 물론 맬 수 없으니까 그냥 정장바지에 와이셔츠를 입고 면접을 보러 가면, 회사의 반응은 왜 여잔데 남장을 하고 다니나, 그런 반응을 보여요. 나는 그게 자연스럽고 편했기 때문에 입고 다니는 건데 사회에서는 남자 옷차림과 여자 옷차림의 구분이 명확하니까, 받아들이지 못하는 거죠. 그냥 나는 내가 편해서 하고 싶은 대로 하면, 2번의 호적으로는 잘 받아들여지지 않더라고요. 제가 성별변경을 한 것은 여자와 남자에 대한 편견이 가장 큰 원인이죠. 제 인생 편하게 살려고 바꾼 거죠. 이기적으로.

한무지 모든 게 다 걸림돌이에요. 어쨌든 내 호적에는, 내 신분증에는 나를 여성으로 표시하고 있으니까. 근데 나는 남성으로 사회생활을 하고 있고, 사회생활을 하면서 만나는 사람들도 그것을 믿어 의심치 않고. 그런 상황에서 신분증을 내밀어야 하는 모든 상황들이 부대끼죠. 힘들고 서글프기보다는 이제는 짜증이 나요. 사람이 살면서 사소하게 해결해야 될 일들이 있잖아요. 핸드폰 요금제를 변경해야 된다든가, 카드회사에 전화를 걸어 뭘 물어봐야 한다든가, 은행을 가야 된다거나, 병원에 가야 된다든가.

얼마 전에 병원엘 갔는데 싸웠어요. 남의 신분증을 가지고 와서 거짓말하는 거 아니냐고. 그런 매 상황들. 신분증 때문에 일단은 불편하니까. 그런 불편함, 짜증. 그럴 때마다 빨리 호적정정 하고 싶어지죠. 또 이직을 생각할 때. 움직일 수가 없는 거예요. 좀더 좋은 대우를 받을 수 있는 좋은 직장에서, 좀더 많은 일을 배우고 싶어도 사실 그 사람들은 내 주민등록번호 뒷자리가 2로 시작한다는 것을 모르니까 회사를 옮길 수가 없어요. 지금 회사에서도 본사의 몇몇 사람들만 제외하면 저를 다 남자로 알고 있거든요. 본사 사람들도 사실 날 간성으로 알고 있고. 그걸 또 다시 얘기하고 설명해야 되는 것도 사실 부담스러운 거고, 받아들여질지도 모르겠고. 기회가 왔음에도 붙잡지 못하는 거예요. 단지 2라는 숫자 하나 때문에. 진짜 억울해요. 그런 상황을 생각하면 빨리 하고 싶어요. 불편함, 짜증, 부담감, 그런 것들에서 벗어나고 싶어요.

고종우 단순히 편해지려고 성별변경을 원하는 건 아니에요. 또 주변으로부터 완벽한 남성, 일반 남성으로 이해받기 위해서 주민등록번호를 1번으로 받고자 하는 것도 아니에요. 오히려 저는 제가 실제로 일반 남성으로 태어난 것이 아니기 때문에, ftm 남성으로 이해받기를 원해요. 그렇게 하는 것이 제가 편하고, 솔직한 인간관계를 맺을 수 있는 거잖아요. 제가 굳이 완벽한 남성으로, 일반 남성으로 보이고자 하는 건 어떻게 보면 행세잖아요, 행세. 근데 그런 행세를 하는 건 주변으로부터 어떤 피해를 받진 않을까, 두려워서 감추고 싶을 뿐인 거예요. 게다가 그런 피해가 저 개인만으로 끝나는 것이 아니라, 저와 관계를 맺고 있는 주변 사람들한테까지도 영향이 미치니까. 그래서 감추고 싶을 뿐이지, 사회가 이해를 해준다면 감출 이유가 없어요. 2차 수술도 그렇고, 성별변경도 그렇고, 제가 원하는 이유는 일반 남성으로 이해받기 위해서가 아니라 저의 욕망인 거죠.

한무지 그런 생각도 들어요. 현재로서 바라는 것이 수술과 호적정정인 것은 맞지만, 왠지 나한테서 도망치는 느낌이 들어요. 내가 거짓말을 해야 하는 이유는 내가 트랜스젠더이기 때문이지 호적이 2로 시작되기 때문이 아니에요. 근데 이 현실에서 도피하고 싶은 마음이 자꾸 드는 거예요. 나를 이해시키기 위해 끊임없이 사람들을 설득해야 하는 상황에 놓이게 되니까. 이제 질리거든요. 도망치고 싶어요. 그래서 자꾸 내가 트랜스젠더라는 사실을 제쳐 두고 싶은 거예요. 대한민국 사회에서 마초처럼 잘 놀고 술 잘 마시고, 그렇게 지내는 것이 편하니까, 호적정정 하고 그냥 비성전환 남성으로 지내고 싶은 생각도 드는 거죠. 하지만 성전환자 인권활동을 하면서 자꾸 뭔가 깨져 나가고, 고민해야 할 것들이 많아지더라고요. 그러면서 왠지 나한테서 도망치는 느낌도 들고.

Q 그럼 명진 씨는 어떠한 과정을 거쳐 성별변경을 하신 건가요?

길명진 성별변경을 준비하는 과정에서 정말 힘들었고, 좌절도 많이 했어요. 처음에는 성별변경이라는 단어조차도 모르고 있었고, 성별을 호적정정을 통해 바꾼다는 사실조차도 몰랐어요. 그래서 관련된 모든 정보를 모으고, 변호사를 찾아갔어요. 근데 모든 변호사들이 제 상황에서 성별을 변경하는 건 불가능하다고 얘기하더라고요. 변호사비도 천만 원, 이천만 원, 삼천만 원에 달하고. 좌절하고 포기도 했다가, 결국에는 오기가 생겨서 나 혼자 준비해 보자고 결심했죠. 나 이외에는 내 인생에 대해서 가장 잘 아는 사람은 없을 거다, 그렇게 생각했어요. 법무사를 찾아가서 필요한 서류를 알아보니까 부모님 진술서, 지인들의 인우보증서, 병원진단서, 내가 수술이 불가능하다는 진단서, 그리고 제 인생에 관한 진술서 등이 필요하더라고요.

11군데 전문의를 찾아다니면서 진단서를 받았고, 나를 남자로 봐 왔고 남자로 인정한다는 진술서를 학창시절 선생님까지 찾아다니면서 33명의 지인들에게서 받았어요. 그리고 인우보증서에서 가장 중요한 것이 자기 파트너의 진술이에요. 그래서 여자친구가 나를 남자로 인정한다는 얘기들, 성관계 얘기들, 사실혼 관계에 있다는 얘기들 등을 적어 주었죠. 그렇게 라면 한 박스 정도 되는 서류를 준비해서 법원에 제출했어요.

재판이 6개월 정도 걸렸는데, 중간 중간 계속 증거자료를 요구하더라고요. 가장 뜬금없었던 것은 여자친구와의 성관계를 여자친구가 직접 작성한 진술서를 내라는 거였어요. 그런데 호적정정을 진행하고 있는 과정에서 당시 여자친구와 헤어졌거든요. 헤어진 여자친구한테 써 달라고 할 수도 없고, 성관계에 대해서 진술해 줄 여자친구를 만들어 낼 수도 없고. 그래서 영화를 한 편 찍었죠. 제가 그 여자친구가 되어서 진술서를 작성해서 냈어요. 제가 써 놓고도 한 번도 다시 읽지 않았어요. 너무 민망해서. 참 민망하더라고요. 하여튼 그런 과정을 통해 성별을 변경한 거죠. 제가 성별변경을 준비할 때, 다들 계란으로 바위 치기라고 얘기했어요. 그런데 결국 그 계란으로 바위가 깨진 셈이죠.

김명진　솔직히 제가 만약에 그 친구를 만나지 않았다면 성별변경은 하지 않았을 거예요. 누가 보더라도 미친놈이라고 생각하겠지만, 그 친구를 만나지 않았다면 분명히 성별변경까지는 안 했을 거예요. 그리고 만약에 동성결혼이 가능한 나라였고, 동성애에 대해 차별이 없었다면 성별변경까지는 안 했을 거예요. 그렇게 위험하게 외줄타기 하듯이, 그렇게 어렵게 살지는 않았을 거예요. 근데 그 친구와 헤어진 거죠. 너무나 큰일이었고 감당할 수도 없었어요. 일주일 동안은 실감이 나질 않더라고요. 그 후에는 밥도 못 먹고, 계속 찾아가서 매달리고. 미안하다, 잘못했다, 집에 가자. 근데 여자친구가 그러더라고요. 우리 헤어진 거라고. 그때 제가 얘기했죠. 너무 붙잡고 싶은 마음에, 하면 안 되는 말이었는데 그렇게 얘기를 했어요. 너한테 내 인생을 다 걸었는데 어떻게 할 거냐고, 너 하나로 인해서 내 인생 전체를 다 바꿨는데 네가 헤어지겠다고 하면 난 어떻게 하냐고. 물론 후회할 때도 있었어요. 후회도 했고 원망도 했고.

　근데 시간이 흐르고 생각해 보니 고마워요. 요즘 나온 책 중에 『고마워요, 소울메이트』라는 책이 있는데, 그 제목을 그 친구에게 붙여 주고 싶어요. 그 사람 때문에 고맙고, 그 사람 때문에 고마웠고, 그 사람 때문에 편하게 살 수 있게 된 거 같아요. 누누이 이야기를 했던 것처럼, 남자의 삶은 한국에서 가장 편하게 살 수 있는 위치인 것 같아서, 그 위치를 갖게 해준 그 친구에게 고맙고 감사하죠. 실제로 저는 주민등록증번호 2번에서 1번으로 성별변경이 되고 나서 상당히 편해진 점들이 많아요. 그리고 자신감을 많이 얻었죠. 겉으로 보이는 외모로만 인정을 받은 것이 아니라, 이제는 내가 법적으로도 인정받은 거니까. 솔직히 옛날에 번호 2번이었을 때에는 아파도 병원을 못

갔어요. 한국에서는 어딜 가더라도 주민등록증을 내밀어야 하고, 그러면 나는 이상한 사람이 되어 버리고, 절차가 한 번 더 필요한 상황이 발생하고. 그것 때문에 상당히 불편했죠. 예전에는 주민등록증을 지갑에 넣고 다니는 것조차 꺼려졌어요. 근데 번호 1번이 되고 나서는 어디를 가든지 정말 편해요. 떳떳하다기보다는 편한 거죠. 소소하게는 극장에 가서 할인율을 적용받는 것도 그렇고, 통신사 요금제 바꿀 때도 그렇고, 병원 갈 때도 그렇고. 병원에서 엑스레이 찍을 때 F였을 때에는 위에 걸 다 벗고 찍으라고 하는데, M으로 바뀌면서는 그냥 티셔츠 하나만 입고 찍어도 되더라고요. 입원할 때도 사람들이 자꾸 물어봐서 1인실만 썼는데, 이제는 다인실 써도 되고. 또 그런 것도 있어요. 내가 좋아하는 옷도 마음껏 입고, 내가 좋아하는 넥타이를 매고, 내가 좋아하는 짧은 머리를 하고, 밥도 많이 먹고, 그렇게 해도 문제가 되지 않는다는 증명서를 받은 셈이죠. 신체적으로도 달라졌고, 주민등록번호도 1번이니까 어느 누구나 내 행동에 제재를 가하진 않아요. 그래서 편해졌고, 편해졌기 때문에 더 당당해지고 자신 있어지고. 호적이 1번으로 바뀌어서 편하다고 느낌표 백 개는 칠 수 있어요.

male body, masculinity
and margin
03
남성의 몸, 남성성 그리고 소수-남성
1. 남자란 무엇인가
2. 군대에서 배우는 남자
3. 딸에서 아들로, 언니에서 오빠로
4. 주민등록번호 '1'로 살아간다는 것

남자란 무엇인가 :
남성성에 대한 자기욕망과 강박

<u>한무지</u> 한때는 있었어요. 한때는 제가 바라는 남성상이 있었어요. 근데 그게 꼴마초였어요. 그게 내가 남자로 보이기 위한 방법이었죠. 거드름 피우고, 흔히 얘기하는 여성비하 발언을 하고. 예를 들면, "여자가 뭐 하러 차를 끌고 나왔어?", "계집애가 무슨 오토바이를 타", "무슨 여자가 길거리에서 담배를 피워", "여자는 힘을 못 쓰니까, 이런 건 남자가 해야 돼", 이러면서 남자들끼리 우르르 몰려다니고. 그게 멋있는 거라고 생각하고, 그게 남자라고 생각했어요. 그리고 그 당시 내가 남자임을 입증할 수 있는 최대한의 방법은 남성성을 표출하는 것이었는데, 그때 제가 생각했던 대표적인 남성성이 마초였던 거예요. 그 선택이 나를 남성으로 보이기 위한 최대한이었고, 최소한이었어요. 여성을 비하해야 되고, 남자가 정말 우월적인 존재인 양 행동해야 되고, 남자는 다 되고 여자는 못하는 식으로. 그런데 그땐 내게 그런 남성성이 필요했어요. 이 사회에 가득한 꼴마초에 나

"사회가 여성과 남성을 구분하지 않았다면 스트레스가 없었을 거예요." 고종우

를 맞췄어야 했죠. 여성을 비하하면서 내가 여성이 아니라는 느낌을 갖는 거예요. 내가 여성을 비하하니까 난 남자인 거지. 물론 내가 너무 심한 건 아닌가 하는 생각도 했지만, 당시에는 그렇게 행동했어요. 남성이라고 입증하기 위해 폭력성과 우월성, 권위에서 오는 폭력을 행사한 거죠. 근데 지금은 많이 반성해요. 고민도 하게 되고. 자기도 여성으로서의 경험이 없다고 말할 수 없는 사람이 그렇게 행동했다는 것이 내 스스로 어이없고 창피해요.

고종우　저는 평범해요. 그냥 보통의 남자들하고 똑같은 거죠. 좀 강한 면이 있고, 리더십이 있고, 의리가 있고, 모든 일을 알아서 척척 해결하고. 그래서 제가 뭐든지 잘해야 한다는 강박관념이라든가, 의리를 지켜야 한다는 강박관념이 강해요. 아주 미치겠어. 조금만 뭐 하면 의리, 의리 찾는 통에. 조금만 무슨 일이 생기면 귀를 쫑긋 세우고, 싸우는 소리만 들리면 돌아보고. 내가 할 수 있는 일도 아

니고, 말릴 수 있는 것도 아닌데, 자꾸 신경 쓰죠. 남들은 그럴 때 다 그냥 넘어간다고 그러는데, 나는 쓸데없이 왜 그러나 몰라. 자기가 뭐 대단한 사람이라도 되는 것처럼. 모기도 꼭 손으로 잡아야 돼. 누군가가 있든 혼자 있든 상관없이 에프킬라로 잡아도 되지만 그러면 왠지 수치스러워. 곧 죽어도 손으로 잡아야지. 천생 남자인 거지. 정 안 되면 쟁반으로라도 때려잡아야 하고. 어쨌든 내가 직접 잡아야 해요. 강하게 보이고 싶은 게 많아서.

김명진　듣고 웃을 수도 있는데, 제가 생각하는 남자는 참을성도 좀 있어야 되고, 인내심도 있어야 하고, 책임감도 가져야 하고. 그리고 여자를 보호해 주는 그런 것도 가져야 되고. 물론 한국에서만 통할 수 있는 남자일 수도 있죠. 근데 남자라면 그만큼의 책임감과 참을성이 필요하다고 생각해요. 남자로서의 사회생활을 1, 2년밖에 안 했지만, 그 과정에서 제가 느끼는 것은 남자라면 남자가 지녀야 할 책임감과 참을성을 갖춰야 하는 것 같아요. 물론 여자도 책임감과 참을성을 지녀야 하죠. 하지만 대한민국 사회에서 책임감과 참을성은 남자한테 또 다른 무게감으로 다가오는 것 같아요. 개인적인 책임감과 참을성과는 또 다른 무게감이 있는 그런 사회적인 책임감과 참을성이 남자들한테는 요구되니까.

고종우　근데 강하게 보이고 싶다는 강박관념에서 많이 벗어나야 된다고 생각하기는 해요. 솔직히 너무 병적인 것 같아. 스트레스를 너무 받아요. 혼자 자격지심이 생겨서 미치겠어. 제가 열등감이 많은가 봐요. 누구를 만나든지, 그 사람의 남성적인 면들에 대해서 계속 주목하게 돼요. 비성전환 남성들하고 있을 때도 그렇고, 같은 ftm들하고 있을 때도 그렇고, 경쟁하게 돼요. 나보다 남성적인 면들이 있으면 열등감이 생기고. 남성적인 면들에 대한 강박관념이 있어요. 그래서 같은 ftm이 여자 편드는 그런 얘기들을 하면, 안 좋게 얘기하기도 했어요. "넌 남자인데 왜 여자 편을 들어서 그런 이야기를 하느냐", "너 스스로 여자인 것처럼 이야기하지 마라." 한번은 제가 아는 후배가 무슨 얘기를 하다가 "어머나!"라는 표현을 쓰는 거예요. 그래서 다른 후배한테, "그 놈이 '어머나' 그러더라. 내가 듣기가 안 좋더라. 너는 그런 말투를 쓰지 마라"라고 얘기한 적이 있어요. 근데 나중에 알게 되었죠. 서울 남잔데, 아주 욕도 잘하고 입도 거친 남자가 '어머'라는 표현을 쓰더라고. 그때 알았죠. 이 말이 남자도 쓰는 말이구나, 서울 사투리인가 보다. 하여튼 지금은 많이 그러지 않으려고 노력하지만, 그때는 나 스스로가 그걸 받아들일 수가 없었던 거예요. 여성 차별에 관한 뉴스를 보면서 감정적으로 공감하고 받아들이는 내 자신이 싫더라고요. 그런 걸 받아들이지 않는 비성전환 남성이 부러웠고, 그걸 열등감이라고 느꼈어요. 그렇지 않은 친구들을 보면 부럽고, 긴장되고, 속상하고. 제 마음속에 남성으로서의 이상형이 딱 있는데, 거기에 못 미치니까 속상한 면이 많았어요.

한무지 사실상 ftm에게 있어 남성다움이 동경이기도 하고 갈등이기도 해요. 저도 그렇고. 도대체 제가 왜 강한 것에 대한 동경을 갖게 되었는지 잘 모르겠어요. 예전엔 진짜 세 보이고 싶었어요. 오죽했으면 내가 수련까지 했겠어요. 하지만 요즘은 그런 남성다움의 과시에 지쳤다고 해야 하나, 의미 없게 느껴진다고 해야 하나. 그래서인지 다른 ftm들과 있으면 내가 오히려 굉장히 여성적인 사람이 돼요. 말투라든가 제스처라든가. 특히 '어머'를 연발하는데, 사실 말습관을 어떻게 할 순 없잖아요. 근데 이런 소소한 것에서 다른 ftm들과 부딪칠 때가 있어요. '어머'라는 단어를 쓰지 말라고. 저한테서 소위 여성다움이라고 하는 것들이 많이 느껴진대요.

김명진 몇몇 ftm분들은 여성스럽다는 얘기를 들으면 기분이 좋지 않다고 하는데, 저는 잘 모르겠어요. 아직까지 여성과 남성에 대한 딜레마를 지니고 있어서인지 몰라도 그냥 인정해요. 사람들과 얘기를 하다 보면, "너는 왜 남자로 바꿨는지 이해를 못하겠다"는 말을 해요. 아니면 "형, 여성스러워", "너 여자 같아", 이런 말을 가끔씩 듣게 되는데, 부정할 수 없는 말인 것 같아요. 제가 가진 취미나 행동하는 방식, 생각하는 것들이 여성에 가깝다고 느끼는 사람들이 많거든요.

예를 들면, 화이트데이 때 사람들한테 뭔가를 주고 싶은 거예요. 아마도 남자가 여자한테 선물을 주는 날이라고 하니까, 저도 그런 생각이 들었나 봐요. 근데 그냥 마트에 가서 만들어져 있는 물건을 사서 주기는 싫은 거예요. 정성이 안 들어간 거잖아요. 그래서 초콜릿을 만들고 그 위에 이름도 쓰고, 그렇게 해서 줬어요. 근데 사실 이런 건 남자들이 별로 안 하는 행동이잖아요. 이런 면들을 보면, 딱히 나를 남자다운 남자다, 여자다운 여자다, 라는 식으로 규정하는 것은 어려운 것 같아요. 난 정체성이 불분명한 사람인 것 같아, 하는 짓 보면 요리 만들어서 나눠 주는 것 좋아하고, 지금도 어디 가서 "취미가 뭐예요?"라고 물어보면 "십자수를 좋아합니다"라고 자신 있게 얘길 하고 그래요. 근데 보통 남자들이 십자수 하는 애들도 없고, 그런 거 잘 안 하잖아요. 하지만 사회에서는 남자는 남자다운 것을 하고, 여자는 여자다운 것을 해야 한다는 편견이 있죠. 그런 편견들이 정말 싫지만, 쉽게 바뀔 수 있는 건 아니잖아요. 그래서 때로는 저도 적응하기 위해서, 어울려 살기 위해서 취미를 십자수라고 안 하고 여행이라고 할 때도 있어요. 그래야만 남자다운 남자로 평가가 내려지니까. 저도 한국에서 살아야 되는 남자이니까. 그냥 이 나라에서 적응해 나가기 위해 그렇게 보이려고 하죠.

고종우 예전에 초등학교 때 서울에서 전학 온 남자친구가 있었는데, 그 친구가 뜨개질을 했어요. 그 당시에 남자, 여자 구분에 대한 인식이 있었으니까 좀 이상하기는 했죠. '아, 저런 남자도 있구나. 저게 취미구나' 싶었어요. 고정관념이죠. 근데 잠재적으로 남아 있으니까, 그걸 완전하게 지울 수는 없다고 생각해요. 하지만 그걸 욕한다거나 하지는 않아요. 그냥 그것도 모형비행기 만드는 작업이랑 비슷하게 또 다른 정교한 작업인 것이고, 정교한 작업을 좋아하는 남성이면 얼마든지 좋아할 수 있는 취미생활인 거고. 다만 대개 여자들이 하는 것이라고 인식되니까 "여자 같다"고 핀잔듣기가 쉽고 그래서 하지 않는 것뿐이죠.

저도 사실 남자치고는 좀 얌전한 구석이 있어요. 얌전하고, 소심한 구석도 많고, 섬세하고 감성적인 부분이 많아요. 우유부단하기도 하고. 제가 한번 결정하면 고집이 엄청 세긴 한데, 결정을 내리기까지는 좀 그런 면들이 있어요. 또 사회생활 속에서 능동적인 부분들이 좀 떨어지기도 하고. 수동적인 것들, 약해 보이는 것들, 뭐 그런 면들이 좀 있어요. 그런데 그런 저의 성격들이 사실 여성적인 느낌이 들거든요. ftm남성으로 살고 있지만, 여성으로 길들여진 부분이나 여성성이 체질화된 부분이 있는 거죠. 그래서 이런 걸 감추고 싶어서 제가 좀 성격 급하게 행동하는 부분들이 있어요. 오히려 과도하게, 이런 면들을 안 보여 주려고. 남성이라면 좀 과감하게 움직여야 한다는 그런 강박관념 때문에, 우유부단한 면을 안 보이려고 성급하게 행동하는 경우가 있어요. 본능적으로. 하지만 이런 건 ftm이라서 갖는 성격이 아니라, 제가 남성이라서 갖는 성격이에요. ftm이기에 갖는 성격이라면 열등감이 많다는 것. 이게 정확한 정답이라고 생각해요. 제가 열등감을 갖는 부분 때문에 과하게 행동하는 것.

김명진 저는 그래요. "너는 남자야?"라고 물어보면 잘 모르겠어요. 그렇다고 "네가 여자야?"라고 물어보면 아니라고 대답할 수는 있을 것 같아요. 왜냐면 성별변경을 했기 때문에 여자는 아니잖아요. 내가 남자인가 하는 생각이 가끔 들 때가 있어요. 내가 여자보다 섬세할 때도 있고, 여자들보다 훨씬 더 소심할 때도 있고. 마트에 장 보러 가서 백 원짜리 하나 싼 거 찾으려고 몇 바퀴씩 돌 때도 있고, 몇 백 원 차이 때문에 더 멀리 가서 장을 보기도 하고. 그런 것을 보면 제가 여자 같아요. 전 여자도 맞고 남자도 맞는 것 같아요. 여자니까 여성스럽게 느껴질 수도 있고. 남자들은 제가 여성스럽다고 하는데, 반면에 여자들은 제가 남성스럽대요. 양면성이 있는 것 같아요.

그래서 저는 '남자답다', '여자답다'가 뭔지 잘 모르겠어요. 어떤 맥락에서 그 말이 정의 되는지도 잘 모르겠고……. '남자답다'라고 할 때 '남자'에 대한 정의, '여자답다'라고 할 때 '여자'에 대한 정의, 그런 것은 없다고 생각해요. 남자가 음식도 잘하고, 바느질도 잘하고, 꼼꼼하기도 하고, 섬세하기도 하고, 그런 남자도 있을 수 있는 거고. 여자가 호탕하고 걸걸하고 터프할 수도 있는 거고. 그래서 그냥 복합적으로 인정해 줬으면 좋겠어요. 꼭 남자이기 때문에 십자수를 할 수 없고, 여자이기 때문에 권투나 축구를 좋아하면 이상한 거고, 이런 식으로 나누는 것은 하지 않았으면 좋겠어요. 여자이면서도 남자 같이 행동할 수도 있고, 남자이면서도 여자의 감성을 가질 수도 있는 건데. 자연스러운 사람이 되었으면 좋겠어요. 그런 사회의 분위기라면 저도 이렇게 갈등할 필요가 없는 거고. 그냥 똑같은 사람으로 인정하면서 살았으면 좋겠어요.

한무지 저도 모르겠어요. '남성과 여성을 가르는 기준이 뭘까? 남성성과 여성성은 뭘까?' 처음엔 명확했죠. 남성은 싸움도 잘해야 되고, 약간 우악스럽고, 자신감 넘쳐야 되고, 허풍도 좀 쳐야 되고, 뭐든지 잘해야 되고. 하지만 사실 이런 걸 남성성이라고 하기는 힘든 거잖아요.

시간이 지나면서 생각해 보니 이런 것들이 말도 안 되는 것 같이 느껴졌어요. 더구나 내가 남성성만 가지고 있었던 것도 아니고, 당시에도 여성성이라고 생각했던 면들도 충분히 가지고 있었고. 그리고 남자는 남성성만 가지고 있고, 여자는 여성성만 가지고 있느냐면 그것도 아니잖아요. 그럼 왜 이런 걸 남성성, 여성성이라고 부르지? 남성성은 남자들이 대부분 가지고 있어서 그런가? 근데 사회에 나와 보면 꼭 그런 것도 아니에요. 마초성이 남성성일까 하는 고민도 많이 했어요. 과연 과시된 남성성이 마초성일까 하는 고민도 들고. 그래서 헷갈려요.

또 남자와 여자의 경계선도 애매하잖아요. '흔히 말하는 남성성이나 여성성, 이런 걸 가지고 있어야 내가 남성인가?' 하면, 아닌 거 같아요. 남성성을 충분히 가지고 있는 여성들이 있고, 여성성을 많이 가지고 있는 남성들도 있는데, 그걸 가지고 내가 남성적인 면이 많다고 해서 나를 남성이라고 말할 수는 없는 거라고 생각해요. 내 안에서 '여자'와 '남자'라는 구분이 모호해지면서, 남성다워야 한다는 생각이 많이 사라졌어요. 남자, 여자로 구분하는 선도 저에겐 혼란이고, 남자와 여자를 구분하는 것이 맞는 걸까 싶기도 하고. 정말 다양한 형태의 존재들이 있는데, 남자와 여자, 둘로 나누는 것이 가능할까? 그런 생각을 해요. 사회생활을 할 때는 여성적인 면들을 많이 가리고 있고, 사회가 요구하는 마스크로 바꿔 쓰고 있지만, 사실 불쾌해요.

고종우 저는 스스로 굉장히 남성성이 강한 타입이라고 생각해요. 근육을 좋아한다거나, 은연중에 싸움을 좋아한다거나. 하지만 이런 부분들은 ftm들이 다 그런 것이 아니라, 제가 남성이기 때문에 갖는 저의 성향인 거예요. 과도한 남성성을 지니고 있다, 뭐 이런 것들은 ftm마다 나름대로 가지고 있는 성격이라고 생각해요. 사실 남성이라고 하더라도 북한과 남한이 다르고, 남한에서도 서울과 제주도가 다르고 강원도, 경기도, 경상도가 다르고 집안 내력이나 기대치에 따라서도 다르잖아요. 그럼에도 불구하고 ftm이라서 과도하게 표현하는 부분이 있다면, 그건 주변에서 남성으로 이해해 주지 않으니까, 남성으로 이해받고 싶은 욕구가 과하게 있어서 그런 거죠. 주변에서 이해를 안 할 뿐 아니라 오해를 하니까.

제가 있는 그대로 그냥 있으면 "재는 여자야"라고 인식되니까, 그런 경우가 두렵기 때문에 저도 모르게 좀 과한 행동을 하게 되는 거죠. 저 자신을 감추거나, 저에게 있는 여성성을 감추기도 하고, 좀 남자답게 보이는 행동을 하기도 하고. 그런데 그것도 또한 어떻게 보면 제가 가지고 있는 남성 역할에 대한 기대치에서 나오는 거지, 꼭 ftm이어서 그런 것은 아니라고 생각해요. 오히려 제가 남성이기 때문에 갖는 특징이라고 하는 것이 더 정답이라고 생각합니다. 그런 부분들은 사실 일반 남성들 속에도 있는 기질이거든요. 일반 남성도 자기가 남자답지 못하다는 열등감을 가지고 있을 수도 있잖아요. 그러니까 자연스러운 거죠. 성장과정에서 나타날 수 있는 자연스러운 행동이고, ftm남성이기 때문에 겪는 것이 아니라 남성이어서 겪는 과정인 거예요. 다만 정도가 심하거나 과정이 길 수는 있다고 생각해요. 비성전환 남성은 어린시절에 그런 과정을 빨리 겪고 빨리 극복하게 되는데, ftm들은 그런 과정이 길어지니까 정리를 빨리 못하고 좀 늦게 겪는 것이죠. 그런 차이가 있다고 생각합니다.

한무지 제가 과도하게 남성처럼 행동했던, 정말 꼴마초처럼 굴었던 시기는 10대 때였어요. 내가 남성이 아니라고 생각했기 때문에 스스로 혼란스러웠고, 그래서 더더욱 사람들에게 내가 남자라는 시선을 심어 줘야 했고, 나 스스로도 계속해서 자각해야 했고. 그래서 더 마초처럼 굴었던 것 같아요. 근데 그 마초성이라는 것이 붕 떠 있는 것 같아요. 과시된 남성성, 과도한 남성성. 근데 이제는 뭐랄까, '사람들이 나를 당연히 남자로 볼 것이다'란 확신이 있는 거죠. 이제는 오히려 사람들을 혼란스럽게 하는 것이 재미있어요. "저 곱상하지 않아요?", "여자 같지 않아요?", 이런 얘길 하면서. 제가 "어머!"라는 말을 남발하는데, 예전에는 꿈도 못 꿨어요. 하지만 내가 마초처럼 굴었던 그런 과거에서 벗어나는 것은 쉽지 않은 일인 것 같아요.

예전에 자신을 페미니스트라고 밝힌 한 여성분한테 메일을 받은 적이 있어요. 저와 관련한 기사를 보고 보낸 메일이었는데, "내가 보기에 한무지 씨 당신은 마초 같다"라고 적혀 있었어요. 뭔가 직격탄을 맞은 느낌이 들더라고요. 내가 그렇게 보이는구나, 많은 고민이 들더라고요. 분명히 나도 예전에 길거리에서 담배를 피우고 있을 때, 내가 여성으로 보일 때도 있었을 텐데. 한편으론 과거의 경험에서 벗어나는 것이 쉽지 않은 것 같아요. 아직도 꼴마초 남성성이 나에게 남아 있는 것 같아서 불안하기도 하고. 내가 그렇지는 않을까, 아직도 '여자가 무슨 차를 몰고 나와'라고 생각하지는 않을까. 굉장히 경계를 많이 해요. 혹시라도 그렇지는 않을까 하고. 이런 부분들이 나한테는 엄청난 스트레스예요. 어떤 여성하고 같이 길을 걸으면서 함께 담배를 피우는 것이 아직도 나에게 신경 쓰이는 일일까? 신경 쓰인다면 이건 무슨 맥락일까? 혹시 내가 쪽팔려하고 있는 건 아닐까? 이런 생각들, 이런 고민들을 하다 보면 내가 견딜 수 없는 거야. 이런 고민을 하고 있다는 것 자체도 내가 그렇게 인식하고 있기 때문인 거 같아서. 그렇지 않을 수도 있는데.

고종우 사회가 여성과 남성을 구분하지 않았다면 스트레스가 없었을 거예요. 전 ftm들이 가지고 있다는 과잉행동, ftm이 과잉행동을 보여 주는 것에 대해서 굉장히 생각을 많이 하는데, 과잉행동이 더 눈에 잘 들어오는 건 신체가 여성이니까 더 그렇게 보이는 게 아닐까 싶어요. ftm들이 자라 온 과정이 비성전환 남성들과 다르니까, 남들 눈에는 여자처럼 행동해야 될 거 같은데 남성처럼 행동하니까 과잉행동이라고 생각할 뿐인 거죠. 같은 행동을 해도 어떤 몸이냐에 따라 그 행동이 달리 보여요. 그래서 만약 내가 여성적인 몸으로 보이는 몸으로 어떤 행동을 하면 여성으로 보이고, 남성적인 몸으로 보이는 상황에서 같은 행동을 하면 남성으로 보이고, 이런 게 있어요. 그렇기 때문에 과잉행동으로 보일 뿐예요. 그냥 자연스럽게 받아들이면 좋겠어요.

실제로 성전환자들이 너무 오버한다고들 하는데, 그건 각자의 개인적인 성향인 거죠. 하리수 나름대로 개인적인 성향인 것이고, 여성성을 좋아하는 것이고. 하리수가 비성전환 여성이었으면 그냥 여자다운 여자구나 하고 평가해 줄 것 아니에요. 일반 여성으로 똑같이 보면 하리수에 대해서 제대로 볼 수 있을 텐데, 그리고 저 역시도 일반 남성하고 똑같이 보면 제대로 볼 수 있을 텐데. 일반 남성이 아닌 쪽으로 보니까 사람들이 오해하는 거죠. 일반 남성으로 보면 남성성이 강한 사람도 있고, 강해지려고 노력하는 사람도 있고. 저 사람은 ftm남성들 중에서도 강해지려고 하는 사람이구나, 그렇게 보면 되는데. 너무 의도적으로 그러는 것 아니냐 하고 오해하면 제대로 못 보는 거죠. 주위에 10명 중에 10명이 다 그러면 저는 미쳐 버려요. 저도 헷갈려 가지고.

김명진 사실 ftm이 남자다워 보이려고 애쓰는 점이 있잖아요. 저는 그건 어쩔 수 없다고 생각해요. 왜냐하면 누구나 자기 콤플렉스를 가리려고 애쓰는 면들이 있잖아요. 마찬가지로 ftm은 태어날 때부터 일반적인 남자로 태어난 것이 아니기 때문에, 그걸 감추기 위해서 보수적으로 행동하기도 하고 더 남자 같이 행동하기도 하는 것 같아요. 남들이 보기에는 부자연스럽게 보일 수도 있겠지만, ftm들 자신에게 있어서는 최선의 선택인 거예요. 저 자신도 비슷한 면들이 있었어요. 예전에 여자친구랑 있을 때 남자, 여자 편을 굉장히 많이 갈랐어요. 그리고 나는 가장이니까 네가 따라야 하고, 내 편을 들어야 하고, 그런 식으로 강요도 많이 했어요. ftm이라면 누구나 다 더 남자 같이 행동하고, 더 남자다워 보이길 원하고, 남자에 더 가까워지기를 원한다고 생각해요.

한무지 제 생각에 문제는 사회와 교육이라고 생각해요. 저는 사실 굉장히 오랫동안 꼴마초 남성성을 표현하고 살아왔잖아요. 그것이 남자라고 생각했던 적이 분명하게 있고, 그 시간이 길었고, 근데 거기서 갑자기 벗어나려니 머리가 아파요. 그래서 나를 그런 분위기에 젖게 했던 집단이나 여성성을 경계하게 만들었던 사회 분위기를 원망하기도 해요. 그건 일종의 교육이잖아요. 내가 만약에 그런 교육을 받지 않았다면, 그렇게 생각하지 않았을 거잖아요. 내가 문제의식을 전혀 느끼지 못한 잘못도 있지만요. 그리고 다른 한편으론, 내가 그렇게 행했던 폭력들이 트랜스젠더를 오해하고 있는 뭇 사람들이 나한테 던지는 폭력들과 다를 바가 없다고 생각했어요. 그네들이 나를 바라보는 폭력적인 시선들, 잘못된 시선들 혹은 폭력적인 언어들은 결국 자기들이 정상이라고 착각하며 내게 행사하는 폭력이잖아요. 마찬가지로 꼴마초 남성성을 표현하는 이들은, 마초성이 남자라면 당연히 가져야 할 남성성이라고 생각할 거 아녜요. '이건 내가 남자이기 때문에 당연히 가지는 거야. 이건 제대로 된 남성성이고 정상적이고 정당해'라고. 근데 이런 남성성을 행사하면서 벌어지는 폭력들이 내가 트랜스젠더이기에 받는 폭력하고 전혀 다를 게 없는 것 같아요. 이게 얼마나 쪽팔려. "내가 받고 있는 폭력, 이런 폭력은 없어져야 돼. 이 폭력은 나쁜 거야"라고 얘기하면서 내가 또 다른 폭력을 행사하고 있다는 게 굉장히 모순되고 말이 안 되는 거잖아요. 결국은 남성성에 대한 고정관념, 편견, 그런 것들이 학습되고 습득되어진 것이고 그런 것이 자연스러운 사회에서 살아왔고. 그런 것을 자각하지 못한 것이 쪽팔린 것도 있고.

고종우　그냥 이제는 그렇게 생각해요. 더이상은 남자다워지기 위해서, 남자로 인정받기 위해서 애쓰는 부분은 어느 정도 줄이고, 제 자신이 만족할 수 있는 부분까지만 당당하게 남성다워지고, 제가 바라는 대로 남자다워지자. 이런 정도만을 생각하면 마음이 편해요. 사실 남자다웠으면 하는 생각은 있죠. 근데 타고난 게 있어서 어쩔 수 없나 봐요. 포기해야지. 제가 일부러 남자답게 하려고 오버도 하고 그랬는데, 그렇게 오버하는 것이 지겨워진 거죠. 여자로 길들여진 게 있으니까, 다른 남자들 틈에 있다 보면 내가 너무 여자 같아서 스트레스 받고 그런 것들이 있어요. 사람들 만나면 내가 없는 남성적인 측면에 주목하고, 긴장하고, 그런 측면들도 있고. 하지만 더이상 이런 상황에 몰두하고 싶지도 않고, 이해받기 위해 애쓰고 싶지도 않아요. 지금은 그게 저에게 좋은 것 같아요. 남자다워지기 위한 과도한 긴장이나 스트레스에서 벗어나는 과정이 제가 성숙해 가는 과정인 것 같고. 물론 체질적으로 여성성이 많이 학습이 된 초기엔 많이 힘들었죠. 일부러라도 아닌 척하고 싶었고. 일부러라기보다는 무의식 중에 더 남성적인 모습을 보이려고 했고. 지금은 그런 것들에서 벗어나고 싶은 거예요. 그게 진정으로 제가 성숙한 남성이 되는 것이고. 예전에는 제가 성숙하지 않은 남성을 생각했던 거라면 이제는 성숙한 남성을 생각하는 거죠.

군대에서
배우는 남자 :
남성(동성/중심)사회로의 진입과 경합

한무지　회사에서는 저를 간성으로 알고 있어요. 회사에 입사할 때, 자기소개서에 "간성입니다"라고 써서 이력서를 내고, 수술도 다 했다고 얘기했고, 그 이력서를 토대로 면접을 보고 취직을 했거든요. 취직이 됐을 때 처음에는 반신반의했어요. 근데 사람들이 트랜스젠더와 간성을 인식하는 방식이 달라요. 웃긴 말인데, 간성은 용서가 돼도 트랜스젠더는 용서가 안 되죠. 그래서 지금 회사에 합격을 했는데, 나중에 이사님이 그러더라고요. "우리는 당신을 남자로 알고 뽑은 거니까, 그렇게 알고 있어라" 하고. 간부들 몇 명만 저를 간성으로 알고 있고, 나머지 사람들은 그냥 남자로 알고 있어요. 그래서인지 다들 너무 스스럼없이 대해요. 저희 회사는 특히나 남성들이 많은데, 만약 그 사람들이 제가 트랜스젠더인 걸 알았으면 같이 찜질방 가자거나 눈앞에서 옷을 훌렁훌렁 벗거나 스스럼없이 제 엉덩이를 툭툭 치거나 그러지는 않았을 것 같아요. 하지만 곤란한 상황들이 자주 발생하기는 해요. 지금 다니는 회사는 건물에 출입할 때라든가, 주민등록증을 제시해야 하는 상황이 많아요. 아직 저는 성별변경을 하지 않았으니까, 신분증엔 여자로 되어 있으니까 소문이 퍼질 수 있잖아요. 가끔씩 왜 주민등록증이 '2'번으로 시작되는지 물어보기도 하고. 그럴 때는 그냥 둘러대요. 그냥 웃으면서 말하는 거죠. 사람이 심각하게 대하면 심각하게 반응하는데, 그냥 가볍게 웃으면서 "태어날 때부터 이렇게 간성으로 태어났는데, 신분증 때문에 불편해 죽겠다. 딱 하나 좋은 건 군대 안 가는 거다", 이렇게 얘기하면 별 문제는 없더라고요. 지금은 별 문제 없이 회사에 잘 다니고 있지만, 언제나 긴장하는 부분은 있어요. 아웃팅outing될까봐. 예전에 그런 경험이 있거든요. 전에 다니던 회사에도 간성으로 말하고 입사한 적이 있었는데, 신입사원이 저를 알아본 거예요. 예전에 제가 TV에 출연한 적이 있었는데, 그 방송을 본 거죠. 신입사원으로 들어온 사람이 서로 소개하는 자리에서 저를 보더니 "TV 방송 ○○○○○에 나왔던 사람 아니냐?"고 말하는 거예요. 그래서 권고사직 당했어요.

고종우 저 같은 경우엔 딱히 서류를 준비하거나 정식 면접을 보는 직장을 다닌 것이 아니라, 배달 같은 일을 주로 했기 때문에 다른 친구하고는 좀 다른 것 같아요. 그냥 전화로 얘기하고 간단하게 면접 보고. 통과 되면 형식적으로 서류제출하고, 신분만 확인하는 정도예요. 물론 신분증을 보여 주면 사람들이 놀라죠. 근데 때로는 의외로 좋게 봐 주기도 해요. "이런 쪽의 사람들이 성실하게 일을 잘하더라"라는 식으로 반응하기도 하고. 수술을 하지 않았어도 호르몬을 하니까 외모랑 주민등록증이 다르잖아요. 그래서 어떤 사람들은 물어보기도 하는데, 그럴 때는 그냥 주민번호랑 저랑 같지 않다고 둘러대요. 호적이 잘못된 거라고. 동사무소나 은행에서 신분증을 확인할 경우에도 그냥 넘어가는 경우도 있고, "신분증이 다르네요"라고 간접적으로 표현하는 사람도 있고, "여자예요?"라고 말해서 기분이 나쁜 경우도 있고. 아무튼 주민등록증하고 저하고 일치하지 않는다, 그 정도로만 얘길 하고 있어요. 나중에 이력서를 써도 "남들하고 다릅니다" 정도만 얘기할 거예요. 더 많은 설명이 필요하다면 얘길 하겠죠. 근데 먼저 자세한 설명을 하는 건 이상하게 꺼려지는데, 바라는 사람에겐 지금도 얼마든지 얘길 해요. 근데 굳이 얘기할 필요는 없다는 거죠. 알면 아는 거고. 하지만 대부분 나를 남자로 생각해요. 예전에 우유 대리점 할 때는 누가 "아저씨"라고 부르면 날 부르는 거라고 생각을 못했어요. 그 호칭이 워낙 익숙하지 않으니까. 나중에서야 "아저씨", 하면 날 부르는 거구나 하는 걸 알았지. 그렇게 부르면 당연히 좋죠. 나랑 일치되는 거니까. 만족스럽지. 나는 나중에 늙어서 고시원을 하나 차릴 건데, 고시원 이름은 '아저씨 고시원'으로 할까 생각 중이에요. '털보 아저씨', 수염 좀 기르고. '털보 아저씨네 고시원', 좋잖아요.

    김명진 저는 예전에 성별변경이 되기 전에는 여성으로 취업했어요. 하지만 같은 회사 사람들은 제가 여자인 걸 알기 때문에 여자로 대했지만, 다른 업체 사람들을 만난다거나 현장 사람들을 만나면 저를 여자로 보진 않았어요. 제가 주로 일하는 분야가 남자들이 많은 공간이거든요. 기계를 설계하는 일이라 현장 사람들도 자주 마주쳐야 하고, 무거운 것도 많이 들고. 근데 당시에도 지금 외모와는 별다른 차이가 없었고, 하고 다니는 짓도 차이가 없어서 그랬는지 모르겠지만, 현장 사람들이나 업체 사람들은 저의 성별을 잘 알지 못했어요. 그냥 통성명 정도 하고 지내니까 잘 알지 못하죠. 여자가 어떻게 저런 기계를 만질까 하는 생각들이 많기 때문에, 당연히 저를 남자라고 생각했나 봐요. 그래서 저는 편하게 일했어요. 제가 거짓말을 하는 것도 아니고, 숨기는 것도 아니고. 여자인 걸 부정하지도 않고 긍정하지도 않고. 그냥 그 사람들이 봐 주는 대로 일했어요. 그 사람들한테 맞춰서 일하는 거죠. 가끔씩 화장실에서 마주친다거나 하면 당황해하기도 하는데, 그럴 때도 그냥 얼버무리고 넘어갔어요. 구차하게 변명을 하기도 싫었고, 변명을 할 필요도 없었고. 근데 한번은 취업이 너무 너무 어려워서 거짓말을 하고 들어간 적이 있어요. 양성이라고 거짓말을 했어요. 보통사람들은 간성이라는 말을 잘 모르고, 양성이라는 말을 그냥 간성으로 알거든요. 회사 취직이 너무 안 돼서 간성인 제 친구를 잠깐 팔았죠, 저인 양. 그래서 여태까지는 집안도 어렵고 돈도 없어서 수술이나 성별변경을 하지 못했지만 조만간 곧 할 거다, 그런 식으로 해서 입사를 했어요. 모두들 절 남자로 아셨고 남자로 대했죠. 그리고 지금은 성별변경을 했으니까, 주민번호 1번이니까, 당연히 남성으로 당당하게 입사해서 회사를 다니고 있죠.

한무지　남성으로 직장생활을 하고 관계를 맺는다는 것이 긴장이기도 하지만 좋기도 해요. 처음에는 긴장됐었죠. 가슴수술을 하고 나서, 내가 그토록 바라고 목표했던 수술을 끝내고 나를 일반 남성으로 인지하는 직장에서 일을 시작했을 때, 처음에는 상당히 긴장했어요. 나 혼자만 가지고 있는 긴장감인 거죠. 내가 들키지는 않을까. 사실 불편하고 짜증나고 지치거든요. 내가 트랜스젠더라는 걸 밝히면 벌어지는 일들이. 내가 트랜스젠더라는 걸 알면 사람들이 하는 얘기는 뻔해요. 언제부터 남자가 되었나요, 여자랑 섹스는 어떻게 하나요. 하나 하나 설명을 하지만, 항상 내 의도대로 받아들여지는 건 아니더라고요. 사람들이 나를 대할 때 만들어 놓는 벽이 있으니까. 똑같이 직장 다니고 똑같은 땅을 밟고 사는 사람인데, 다만 다른 긴장

관계를 지니고 살아갈 뿐인데, 그렇게 이해하지 않으니까. 내가 비정
상인 것처럼 느끼게 되는 거죠. 그래서 회사에서 호적이 잘못된 남자
로 통하는 그런 생활을 즐기게 되는 것 같기도 해요. 되게 꿈꿔 왔던
거였거든요. 직장에서 정규직 사원으로 꼬박꼬박 월급 받으면서, 한
사람의 남성으로 직장생활을 한다는 것. 되게 꿈같은 일이었어요. 그
리고 지금은 아무렇지도 않게 직장 사람들과 어울리고 얘기하면서
자연스럽게 지내니까. 거리낄 것도 없고, 껄끄러운 것도 없고, 주민
번호를 드러내야 할 때는 "사정이 좀 있어요"라고 넘어가고. 긴장감
이 없어진 거죠. 결국 나는 소위 사람들이 '정상'이라고 얘기하는,
'평범함'이라고 얘기하는 범주 속에 속해 있다는 착각을 즐기고 있
는 거죠. 그 속에서 나는 평범하니까. 그것이 썩 기분 나쁘지만은 않
으니까. 편하니까. 어떤 면에서는 좋기도 하고, 이런 기분과 생활을
놓치고 싶지도 않은 거예요. "대기업 ○○○의 한무지입니다"라는 명
함도 좋고, 사람들한테 대우받는 것도 좋고. 하지만 그러면서도 뭔가
를 놓치고 있는 것 같아요. 긴장하지 않는 나, 자연스러운 나. 이런
걸 느낄 때마다 내 안의 뭔가가 희미해져 가는 것 같기도 하고, 잃어
버리는 것 같고.

고종우　솔직히 두려웠어요. 제가 꿀리는 게 많으니까. 일반 남
성들과의 관계맺기가 솔직히 두려운 부분이 있어요. 주변에 있는 비
성전환 남자들을 보면, 남자로 살았다는 게 굉장히 부러워요. 저는
그렇지 않으니까. 다르다는 게 딱 느껴지니까 열등감도 많이 느끼게
되고 콤플렉스도 생겨요. 기본적으론 외모죠. 그리고 내게 주어지는

역할 같은 것도 있고. 그래서 경쟁심 같은 것도 생겨요. 남성적인 부분에서 꿀리기 싫으니까 더 남성다운 모습을 보여 주고 싶기도 하고. 게다가 간혹 제가 ftm인 걸 알면, 일반 남성들이 제 앞에서 양보해 준다거나 일부러 배려해 주는 척하는 경우들이 있거든요. 일반 남자들하고 같이 있으면 제가 거꾸로 보호를 받아요. 왜냐면 나는 완벽한 남자가 아니니까. 완벽한 남자가 보기에는 내가 힘도 약하고 그러니까. 그래서 뭔가 배려해 주는 척하고, 무거운 거 안 들게 하고, 무거운 것 들면 잘한다고 그러고. 지나친 행동을 보여 줄 때가 있죠. 그러면 기분 나쁘죠. 열등감도 생기고. 그 때문에 더 긴장되고. 남자들과 있으면 긴장돼요. 나보다 나이가 많아도 긴장되고, 어려도 긴장되고. 제 경우는 사회생활을 통해서 일반 남성으로 쭉 살아온 사람이 아니라 뒤늦게 남성으로 지내온 사람이고, 어릴 때부터 체험한 것이 아니어서 피부 깊숙이 다가온 것도 아니기 때문에 솔직히 불편하죠. 사실 이런 불편함을 지닌다는 것 자체도 너무 창피해요. 근데 이제는 너무 생각 안 하려고 해요. 일반 남자들한테 받는 콤플렉스 같은 것들을. 남자도 여성성과 남성성, 모두를 가지고 있다는 말이 맞는 것 같기도 하고.

　　　　김명진　남자들하고 생활하다 보면 왠지 가끔씩 그런 생각이 들 때가 있어요. '이 사람은 남자여서 그렇구나' 하는 생각. 이런 생각이 드는 건 뭐라고 표현할 수는 없는데, 이런 분위기를 느낄 때가 있어요. 구체적인 상황은 안 떠오르는데, '아, 남자여서 그렇구나' 라는 걸 느낄 때가 있어요. 또 왠지 군대 얘기할 때나 힘쓸 때 남자로서의 열등감 같은 것을 느낀 적도 있고요.

　　　　사실 비성전환 남성들은 좋건 싫건 간에 마인드 자체가 달라요. 나라는 사람과 생각하는 것 자체가 달라요. 어떤 면에서 그러냐

하면, 여자를 보는 시선, 여자를 상대하는 마인드, 이런 것들이요. 구체적으로, 저는 여자나 남자나 똑같다고, 아니 비슷하다고 생각을 해요. 솔직히 가슴에 손을 얹고, 아주 똑같다는 말은 못하겠어요. 저도 남자와 여자를 차별하는 발언을 하고, 그런 생각도 약간씩 하기 때문에. 하지만 비성전환 남성들의 생각은 개념 자체가 다른 것 같아요. 여자들을 보는 개념 자체가. 여자가 결혼을 하면, 남편을 지극히 보필해야 되고, 남자를 따라야 하며, 남자들을 위해서 인생을 다 걸어야 한다는 생각을 많이 해요. 요즘 남자들은 안 그렇다고 하는 사람들도 많겠지만, 제가 직장에서 만난 사람들은 그런 식의 생각을 많이 해요. 저도 물론 한때는 그런 생각을 했어요. 나와 같이 사는 여자는 나를 바라봐야 하고, 나를 따라야 하고, 나만 믿고 그 사람은 희생을 해야 한다는 생각을 했었는데, 남자로 살아가는 세월이 길어지다 보니까 그런 게 조금씩은 달라지더라고요. 그런데 비성전환 남성들은 살아가면서 그런 생각이 더 강해지는 사람들 같아요. 이런 게 다른 거 같아요.

고종우 사실 남자라는 존재가 굉장히 거칠거든요. 그래서 처음에는 남자들하고 어울리는 것이 상당히 어려웠어요. 군대 얘기 나오고 그러면 위축되기도 하고, 할 얘기도 없고. 그리고 저는 사실 담배를 많이 피우는 편이 아닌데, 남자들은 일 하다가 담배 피우는 시간에 얘기를 많이 하잖아요. 그런 것도 있고, 서로 차이가 있어요. 근데 내가 남성으로 살아가는 기간이 워낙 길다 보니까 조금씩 그런 간극들이 좁혀지더라고요. 거의 8년이라는 시간 동안을 같은 남자로서 살았기 때문에. 그 기간 동안 일치감도 생기고, 그러니까 서서히 적응이 되어 가는 것 같아요. 마냥 어려운 것만은 아니지만, 다만 제가 성전환자라는 신분을 감춰야 하기 때문에 친해지기가 조금 껄끄러워

지는 부분은 있죠. 하지만 같이 지내다 보면 마음도 맞아 가고 편해
지는 부분도 생기고 그래요.

한무지　연기 인생이죠. 연기가 삶 자체가 된 것 같아요. 매 순
간, 어느 상황에서든, 일상이 연기인 거죠. ftm이 남성으로 사회생활
을 하기 위해서는 비성전환 남성으로 통해야 하니까. 하지만 난 비성
전환 남성이 아니잖아요. 그렇기 때문에 경험을 포장해야 해요. 거짓
말을 해야 되는 거죠. 그래서 내 회사 동료들과 괴리감을 느끼게 돼
요. 친하긴 친해요. 근데 나는 계속 이 사람들을 속이고 있다는 느낌
을 받을 수밖에 없어요. 찜찜하죠. 사람이 사람을 진심으로 대하지
않으면 질려 버려요. 나도 잘 알아요. 하지만 솔직해지려고 노력하
고, 부담 없이 편하게 대하려고 애도 쓰지만, 의도치 않게 나는 거짓
말을 하게 돼요.

　　한번은 회사 동료 중에 정말 친한 선배가 있었는데, 어느 순간
부터인가 나를 심하게 갈구는 거예요. 정말 내가 살면서 그런 대접을
받아 본 건 처음이었어요. 인간관계에서 실패한 적이 거의 없었거든
요. 그렇게까지 나를 싫어하는 인간을 만나 본 적도 없고. 당혹스러
웠어요. 이유도 모르겠고. 대뜸 전화해서 욕하고, "이 가식적인 새끼
야" 하고 소리 지르고. 나중에야 그 이유를 알았는데, 그 사람이 내가
ftm인 걸 알아 버렸던 거였어요. 그 사람 나름대로는 자기가 정말 나
한테 잘 해줬는데, 일종의 배신감 같은 걸 느꼈나 봐요. 어려운 일인
것 같아요. 언젠가는 그런 생각도 했어요. 내가 ftm인 것을 밝히지
않는 것이, 그냥 비밀을 지니고 있는 것일까 아니면 거짓말을 하고
있는 것일까.

김명진　저는 되게 편한데, 제가 직업학교 다닐 때 친해진 동기

들이 4명 정도 있어요. 물론 직업학교 친구들은 제가 ftm이라는 사실
은 모르죠. 그냥 일반 남자인 줄 알아요. 근데 술자리에서 깊은 얘기
가 왔다 갔다 하기도 하고, 집안 얘기나 고민이나 속 얘기를 나누면
서 자연스럽게 어울리는 것 같아요. 그냥 내가 자연스럽게 솔직하게
다가서면 그 친구들도 나를 솔직하게 대해 주더라고요. 다만, "나는
성전환자야"라는 거 빼고. 그 단어 빼고 나 나름대로의 진실함이 오
가는 것 같아요. 그거 빼고 나머지는 다 오픈하면서. 그러면서 좋은
일이든 안 좋은 일이든 서로 나누면서 유대관계가 생기는 것 같아요.
지금 같은 경우에는 동기들이랑 술 먹고 집에 와서 자기도 하고, 같
이 집에서 술 먹기도 하고, 같이 화장실도 가고, 같이 서서 볼일도 보
고. 그런 자연스러운 분위기. 그리고 그 동기 녀석들한테 남자들은
이렇구나 하는 것을 많이 배운 것 같아요. 저는 여태까지 학교생활에
서 여자들하고 여자처럼 지내왔기 때문에 남자들하고 지낼 수 있는
계기가 없었어요. 남자친구라고는 몇 명 안 됐죠. 남자들하고 교류할
수 있는 상황도 안 됐고. 10년 지기 남자친구가 있기는 하지만, 그 나
름대로의 경계선이 있었어요. 그들은 남자고 나는 여자이기 때문에
뭔가 오묘한 보이지 않는 선이 있었죠. 근데 직업학교에서 만난 동기
녀석들은 나를 남자로 인정하고 편하게 터놓고 남자들만의 얘기를
해요. 그런 측면에서 남자들끼리 있으면 이런 대화를 하는구나, 남자
들끼리는 이렇게 교류하는구나, 그런 것들을 많이 배웠어요. 걔네들
은 내가 그냥 남자로 보이니까 그렇게 남자로 대해 주는 것이겠지만,
저는 뿌듯했죠. '아, 나를 남자로 보는구나', 그런 생각도 들고.

　　　　일례로 직업학교 동기들 중에 제일 친한 동기 녀석이 한 명 있
는데, 그 동기가 어느 날 새벽 4시에 전화를 했더라고요. 나는 그냥
무심코 받았는데, 펑펑 울더라고요. 진짜 통곡을 하면서 우는 거예
요. 그러면서 한다는 얘기가, 여자친구랑 헤어졌다고, 그런데 전화할

사람이 형밖에 없더라고, 그런 얘기를 하는 거예요. '아, 남자 대 남자로 나를 믿고 의지하고, 그렇게 나를 봐 주는구나' 하는 생각이 들더라고요.

고종우 하지만 제 생각에는 일반 남성, 모든 게 일치하는, 육체하고 정신이 일치하는 그런 온전한 남자하고 같을 수는 없는 것 같아요. 같아지려고 노력을 하는 것 자체가 힘들고, 무의미하고. 제 경우에는 저 자신을 남자와 동일시하고 싶지는 않아요. 힘들어요. 동일시되는 건 좋은데, 우리나라 사회에서 남자와 똑같은 대접을 받기 위해서 애쓰고 싶진 않다는 거죠. 왜냐면 남자 흉내를 내려고 한다는 시선이나 오해, 그런 것들에서 벗어나고 싶어요. 여자가 남자 행세를 한다는 걸 굉장히 뭔가 좀 사회에 무슨 굉장한 권력적인 부분을 취하려고 노력하는 것 같은, 같은 남자로서 영역을 침범하는 것으로 대하려는 것 같다는 느낌이 들거든요. 그래서 "네까짓 것이 남자냐"라는 편잔을 자주 듣는 것 같고. 어디 한번 해봐라, 그런 식으로. 제 나름대로 사는 방식을 찾아야죠. 제 나름대로의 장점이 있고, 일반 남성은 남성대로 장단점이 있는 거니까. 단지 사회가 일반 남성만 인정해 주니까, 그 인정을 받으려고 그 틈에 끼려고 노력을 하는 것뿐이에요. 사회가 ftm들도 남성들의 한 부류로 인정해 준다면, 그런 사회에 살게 된다면 그냥 타고난 대로 살아야지.

길명진 스킨십이요. 지금은 가슴수술을 해서 그런 긴장감이 많이 사라졌는데, 예전에 수술하지 않았을 때에는 많이 신경 쓰이고 긴장했어요. 왜냐면 남자들끼리도 서로 스킨십이 굉장히 많거든요. 여자들보다도 더 많은 것 같아. 저도 놀랐어요. 저는 여자들 사이에서만 있었으니까. 여자들 사이에서는 팔짱 끼고 손잡고 다니고 그러잖아요. 그런 접촉은 여자들만 하는 건줄 알았는데, 의외로 남자들 사이에서 그런 스킨십이 더 심하더라고요. 여자들은 일단 싫어하는 걸 알면 안 하는데, 남자들은 거리낌이 없기 때문에 와선 안기고 쓰다듬고 만지고 이런 게 되게 많거든요. 근데 가슴수술 하지 않았을 때에는 압박셔츠를 입고 다녔으니까 불안해지고 신경 쓰이죠. 예전에 직업학교 다닐 때, 그때는 가슴수술을 안 했으니까 압박셔츠를 입고 다녔어요. 게다가 그때가 여름이었는데, 여름이면 옷이 되게 얇잖아요. 비치니까, 압박셔츠가 나일론 소재여서 러닝이랑 다른 게 티가 나니까, 저는 압박셔츠 위에 러닝을 또 입고 그리고 겉옷 셔츠를 입었어요. 근데 그래도 곁에서 만지면 느낌 자체가 달라요.

그럼 애들이 저를 만지다가도 "형, 복대 했어?", "형, 거들 입어?" 그러기도 하고, 아니면 "여름에 무슨 털장갑 낄 일 있어? 좀 벗어" 하고 한마디 던지고. 걔네들은 농담으로 툭 던진 말인데, 저는 예민해지는 거예요. 그래서 애들이 가까이 다가오면 깜짝깜짝 놀라고 주춤거리면서 빼게 되고. 당황스럽죠. 그런데 내가 당황했다는 것을 남들이 알아채면 안 되는 거잖아요. 그래서 더 힘들었죠. 왜냐면 안에 분명히 압박셔츠를 입고 있으니까, 마치 방어복 같은, 갑옷 같은, 저한테는 방어하려는 방어복이나 마찬가지인 압박셔츠를 입고 있으니까, 그걸 더듬는다는 것 자체가 상당히 저를 움츠러들게 만드는 거죠. 하지만 제가 거기서 난감한 표정이나 행동, 말을 하면 뽀록나는 거잖아요. 그런 것 때문에 상당히 당황하면서도 그렇지 않은 척, 그 뒤의 일까지 생각해 내야 했어요. "나 허리가 안 좋아서 그래. 허리 묶는 거야"라고 얘기한다든가, 아니면 오히려 더 자신 있게 가슴을 내민다거나. 하지만 지금 가슴수술을 하고 나서는 자신감이 생겨서 거리낌이 없어지고 편해졌어요. 만지건 더듬건 상관없고. 숨김이 없으니까 편해진 거죠.

한무지 가슴이라는 것, 당연히 엄청 신경 쓰이고 긴장되죠. 가슴수술 하기 전이었는데, 직업훈련 받을 때 압박셔츠가 다 안 말라서 티셔츠에 남방만 입고 간 적이 있었어요. 직업훈련을 받던 학생들 전부가 남성이었고, 심지어 선생님조차 다 남자였어요. 그런데 남자들끼리는 스킨십이 참 많더라고요. 제가 그때 목에 MP3 플레이어를 걸고 있었는데, 한 형님이 "야, MP3 예쁘다", 그러면서 내 가슴을 쓱 쓸어내리는 거예요. 머릿속이 새하얘졌어요. 저 사람이 눈치 챘을까? 안 것은 아닐까? 먼저 얘기를 해야 할까? 떠볼까? 내일부터 학교 나오지 말까? 별의 별 생각이 다 들더라고요. 그런 긴장이 계속 이어지는 거예요. 특히나 남성들만 있던 집단에 있다 보니까, 술자리 잦지, 사우나 가자고 그러지, MT 가면 방 같이 써야지. 그게 다 긴장이에요. 그 긴장을 24시간 끊임없이 안고 있어야 해요. 그게 얼마나 피곤한 일인데요. 근데 수술하고 나서 많이 자유로워졌죠. 내가 얘기했잖아요. 나는 내 생애에 티셔츠 한 장 입고 돌아다니는 날이 올 거라고는 상상도 못했다고.

고종우 몸에 대한 긴장감이 가장 많죠. 많습니다. 특히 가슴 같은. 저는 수술을 하지 않았기 때문에 지하철 같이 사람들이 많은 곳에서 가슴이 부딪히거나 그러면 굉장히 당황스러워요. 그리고 남자들끼리는 이상하게 가슴을 잘 만져요. 일을 할 때도 같이 일하는 동료가 끌어안고 인사를 하는 경우도 많고, 얘기하고 그럴 때에도 가슴에 손을 대기도 해요. 제가 아무리 가슴이 없어도 느낌이 다르잖아요. 그 친구도 당황하고 저도 당황하고 그랬죠. 그 친구는 다행히 성격이 순한 편이라서 당황하고 끝나더라고요.

사실 저는 중고등학교 때 여자들만 있는 공간에서 주로 생활을 했고, 이후에도 새벽에 혼자 신문배달을 했기 때문에, 그때가 남자 동료가 있는 일을 처음 해본 터라 그런 경험이 처음이었어요. 남자들의 사회 속에서 있어 보지 못했기 때문에 그런 경우에 대해서 생각을 못했었으니까, 엄청 당황했죠.

한무지 비교적 최근에 있었던 일이었는데, 회사에서 건강검진을 받게 된 거예요. 어떻게든 안 받으려고 미루고 있었는데, 결국 회사 다른 동료랑 뒤늦게 같이 받게 됐어요. 같이 차를 타고 가는 내내 진짜 울고 싶었어요. 손을 꼼지락 꼼지락거리면서 안절부절, 병원은 가까워 오고, 답은 안 나오고. 그때는 가슴수술은 했지만, 성별변경은 안 했으니까. 회사에서는 나를 간성으로 알고 있고, 이 동료는 나를 남자로 알고 있는데, 병원에 가면 다 들통 나잖아요. 진짜 울고 싶더라고요. 인생의 위기로 느꼈다니까. 발각되면 잘릴까. 근데 다행히 병원에 도착하니까 그 동료가 자기는 힘들어서 나중에 받는다고 너 먼저 받고 오라고 하더라고요. 시련이 끝난 줄 알았지. 근데 끝이 아니더라고요. 폐 검사할 때, 남자들은 웃통을 벗고 찍더라고요. 두 명이 서 있었는데, 간호사랑 어떤 다른 여자분이랑. 간호사가 저를 보더니 "여자분이세요?"라고 묻는 거예요. 그냥 주민번호가 잘못 되어 있다고 얘길 했죠. 그런데도 계속 여자 맞냐고, 본인 맞냐고 물어보잖아요. 그러면서 옷 갈아입고 오라고. 여하튼 우여곡절 끝에 옷을 갈아입으러 탈의실에 들어갔는데, 아무 생각 없이 들어가고 보니까 옷장에 분홍색 옷이 놓여 있는 거예요. 여자랑 남자랑 가운 색깔이 다르잖아요. 어쩔 수 없이 입고 나왔죠. 돌아다니면서 검진 받을 때마다 계속 그랬어요. 여자 맞냐, 본인 맞냐. 긴장의 연속이에요. 그럴 때마다 내가 이렇게까지 살아야 하나 싶기도 했죠.

길명진 한번은 그런 일도 있었어요. 직업학교 동기 녀석 중 한 명이 여자친구를 데리고 저희 집에 와서 같이 술을 먹었어요. 근데 그 여자친구가 제가 마루에 걸어 놓은 제 백일 사진을 보고, 여자 옷을 입혔다면서 이때는 참 여자 같이 예쁘게 생겼다고 얘기를 하더라고요. 거기다 대고 심지어 남자 동기 녀석도 자기도 처음에는 제가 여자인 줄 알았다고 하는 거예요. 제가 편지나 쪽지 같은 것을 안 버리고 모아 두는데, 그 동기 녀석이 언젠가 집에 와서 둘러보다가 그런 쪽지를 발견했었나 봐요. 근데 그 쪽지에 '○○ 언니' 라고 쓰여 있었던 거죠. 물론 그 쪽지를 받을 때 저는 그 사람한테는 언니였겠죠. 그래서 그때부터 '이 사람 여자 아냐?' 하고 의심하기 시작했대요. 그 쪽지뿐만 아니라 제가 하는 행동이나 말하는 스타일도 남다르대요. 일반 남자들하고는 다르대요. 사람들 챙겨 주는 것, 하고 다니는 것, 어디 나갈 때 꼼꼼하게 챙겨 갖고 나가는 것, 집안 청소하는 것. 이런 것들이 남자 스타일보다는 여성스럽대요. 저랑 계속 생활을 하다 보니까 남자 같지 않은 뭔가가 느껴졌다고 하더라고요. 저도 궁금해서 물어봤는데 "에이, 그걸 어떻게 말로 표현을 해", 그러고는 대충 얼버무리고 넘어가더라고요.

하여간 그래서 그 친구 나름대로 해답을 찾으려고 저를 유심히 관찰하기 시작한 거죠. 가슴하고 젖꼭지를 유심히 봤대요. 다행히 그 친구가 자기 여자친구한테 "내가 확인해 봤는데, 젖꼭지랑 가슴을 봤는데 이 사람 남자야", 그러더라고요. 판명이 난 거죠. 저는 그 동기가 제 가슴을 유심히 보는 걸 몰랐어요. 등골이 오싹해지더라고요. 정말 생각지도 못한 누군가가 제 특정 부위를 계속 집중해서 쳐다봤

다는 건 정말 소름이 돋는 일이잖아요. 식겁한 일이죠. 남자들은 가
슴이 있나 없나가 남잔지 여잔지를 판단하는 기준이 되는 것 같아요.
비슷한 일이 또 있었는데 직업학교 후배 기수 중에 좀 뚱뚱한 친구가
있었어요. 그 친구는 정말 가슴이 여자처럼 많이, 아니 여자보다 더
많이 나왔어요. A컵을 넘어서 B컵 정도의 가슴을 가진 남자였죠. 그
녀석을 보고 저희 반 동기 녀석들이 정말 남자인지 파헤쳐야 한다면
서 집에까지 따라가 봐야 한다고 하는 거예요. 그 얘기 듣고 나서도
저는 속으로 식겁했죠. 제 집에도 따라오는 거 아닌가 해서요. 사실
은 제가 더 심한 상황이니까. 그 친구는 남자니까 가슴과 배가 올록
볼록하게 나왔어도 자신 있게 쫄티를 입고 다녔어요. 그걸 보면서 부
러워한 적도 있어요. '아, 저 친구는 남자니까 저런 가슴을 가지고도
저렇게 자신 있게 생활할 수 있구나' 하고요.

고종우 제가 패킹하는 이유도 비슷해요. 설령 제가 ftm이라는
걸 알더라도, 신체적으로 갖추어져 있으니까 적어도 날 여자로 보진
않겠다는 자신감이 생기니까. 왜, 성기부분이 남성처럼 보이도록 양
말이나 성기보형물을 부착하는 거요. 어떤 사람은 팬티 속에 양말을
넣기도 하는데, 저 같은 경우엔 실리콘으로 만든 성기보형물을 넣어
요. 남자 팬티가 이중으로 되어 있으니까 그 사이에 넣는 거죠. 진짜
성기처럼 보이게끔. 모양이 리얼하니까 폼 나게 넣는 거지. 처음부터
했던 건 아니에요. 별 생각도 없었고, 성기부분이 안 보이게끔 옷을
입기도 했고. 체형에 콤플렉스가 있어서 가리고 다니는 편이라 심각
하게 생각을 안 했어요. 그런데 어느 날 후배가 우연히 보곤 민망하
다고 그러더라고요. 그래서 하게 되었는데, 이젠 안 하면 허전해요.
은근히 만족감도 주고. 잘 때는 기분 좋아요. 내 것 같아서. 실리콘
재질이라 피부 같거든요. 그리고 무엇보다도 착용하고 있으면 저를

여성으로 보진 않겠다는 강한 자심감이 들죠. 남들 눈에 쉽게 띄는 장소에 갔을 때, 그러니까 헬스장 같은 곳을 갔을 때 이걸 하고 있으면 특히 마음이 놓이죠. 마음 놓고 행동을 취할 수 있고.

한무지　그래서 예전에는 제가 갖는 공포 중 하나가 제 몸이 벗겨지는 상황에 대한 거였어요. 지금도 그래요. 내가 길거리를 가다가 쓰러지면 어쩌지, 내가 의식이 없는 상황에서 병원에 실려 가면 어쩌지. 그런 공포가 있어요. 예전에 가슴수술도 하지 않았을 때, 오토바이를 타고 가다가 트럭하고 충돌해서 교통사고가 난 적이 있어요. 사고가 난 순간 오만 가지 생각이 스치는 거예요. 그때 배달을 했는데, 가게 주인한테 남자라고 얘기하고 일했거든요. 근데 내가 여기서 쓰러지면 경찰이 올 테고, 배달 오토바이에 있는 전화번호로 전화를 할 테고, 그러면 사장님이 사건 처리하려 달려올 테고, 그리고 내 신분증을 볼 테고, 결국 내 주민등록번호가 '2'로 시작한다는 사실을 알

테고. 그래서 벌떡 일어났어요. 머리에서 피가 흐르는데도 정말 벌떡 일어났어요. 벌떡 일어나서 내가 사고 정리하고, 설명하고. 경찰차 타고 병원 가는 길에 잠깐 정신을 잃었다가 응급실에서 다시 깼어요. 간호사한테 "나 이러저러한 사람인데 혹시 투여하는 약물 중에 이런 거 있으면 조심해 주고, 혹시 보호자 오면 얘기하지 마라", 그렇게 얘 기하고, 아는 선배한테 전화해서 좀 와 달라고 부탁하고, 그러고는 기절했어요. 깨 보니까 병실이더라고요. 사실 지금 그때 상황을 돌아 보면 내가 무슨 정신으로 그랬나 싶어요. 인대가 다 나가고, 좀 많이 다쳤었거든요. 그 순간에도 계속 긴장을 했던 거죠. 그런 적도 있어 요. 길거리에서 쓰러진 적이 있는데, 깨 보니까 병원에서 링거주사를 맞고 있더라고요. 근데 웃긴 게, 주위에 있던 친구들이 얘기해 줬는 데 제가 쓰러지면서도 팔짱을 끼더래요. 팔짱을 끼고 풀지를 않더래 요. 그래서 병원에서 링거주사를 팔이 아니라 애먼 곳에 꽂아 놓았더 라고요. 내가 의식하지 못하는 순간에 벌어지는 일들, 내 몸이 드러 나는 일들이 나한테는 항상 공포구나, 그런 생각이 들더라고요.

김명진 또 다른 불편함도 있어요. 저의 경우엔 주민번호가 1번 으로 바뀌었잖아요. 근데 남자로 성별을 변경해도 불편한 게 있어요. 남자들하고 같이 화장실 갈 때. 남자는 꼭 일어서서 소변을 봐야 한 다는 고정관념이 있어요. 근데 저도 들은 얘긴데, 결혼한 남자들이 가정생활에서 부인하고 같이 있을 때는 서서 볼일을 잘 보지 않는대 요. 여자들이 청소하는 데 번거로우니까, 남자들도 집에서는 앉아서 볼일을 본다고 들었거든요. 근데 왜 사회에서는 남자라면 일어서서 소변을 봐야 한다는 고정관념이 있는지 이해할 수가 없어요. 성별변 경을 하고 회사에 입사해서 화장실에 갔는데, 친한 선배들 중에서 화 장실에서만 마주치던 선배가 있었어요. 어느 날 그 선배가 장난삼아

"김 대리, 김 대리는 왜 똥만 싸?"라는 얘길 하더라고요. 제가 매일 앉아서 볼일을 보는 데서만 나오니까. 그 선배는 그냥 우스갯소리로 저한테 던진 얘기지만, 약간 핸디캡이 있는 사람한테는 그 얘기가 지나가는 말로 안 들리거든요. 오만 가지 생각을 다 하게 만드는 얘기니까. 그 다음부터는 회사에서 화장실에 갈 때면 항상 주변을 살폈어요. 그리고 빨라졌죠. 후다닥 들어갔다, 빨리 나오고.

<u>한무지</u> 있죠. 특히 대한민국에서 1번으로 주민번호가 시작하는 사람들만이 가질 수 있는 군대, 섹스, 성문화, 이런 얘기들을 할 때. 그런 얘기할 때면 사실 많은 곤란함을 느껴요. 관심도 없는 축구를 봐야 하고, 온갖 정보를 뒤져서 군대 계급 같은 것들, 뭐랄까 일병, 이등병 다 외우고, 경험을 부풀리고. 처음엔 정말 재사회화의 과정을 겪었죠. 적응하기 위해서. 군대 갔다 온 척 하고. "군대 어디 갔다 왔어요?", 물어보면 "수방사 나왔어요"라고 답하고. 수방사 나온 친구가 있으니까 얘기를 듣잖아요. 또 남자들이 체위 얘기, 섹스 얘기를 많이 해요. 근데 나는 페니스가 없으니까, 나름대로 상상을 하거나, 포르노를 보면서 연구를 하죠. 그런 데서 소외될 수는 없으니까. 이런 데서 많이 부대끼죠. 남자들이 술 먹고 나면 2차는 뻔하잖아요. 룸 가거나 마사지 가거나. 특히나 룸은 상관이 없어요. 룸은 같이 맞춰 주고 놀면 되는데, 가슴수술을 안 했을 때는, 룸 가면 제가 많이 썼던 전략이 순진한 총각 행세하기예요. 위에는 압박셔츠를 입고 있으니까 괜찮은데 아랫도리로 손이 쓱 오면 나도 모르게 뺀단 말이죠.

그럼 사람들의 시선이 순간적으로 집중돼요. 그때의 당혹스러움을 뭐라고 해야 할지. 이런 문화에서 많이 부딪치는 거죠. 성과 관련한 모든 것이 당혹스러웠어요. 지금 회사의 사수는 작년에 군대에서 막 제대해서 그런지 만나면 군대 얘기만 해요. GP방공을 나왔는데, 비행기 맞춘 얘기하고. 저는 전쟁 싫거든요. 그리고 사실 비성전환 남성으로 살아온 그 사람의 경험에 내가 전적으로 동조할 수는 없잖아요. 근데도 공부를 해야 해요. 전투기 종류, 이륙 방법, 마력, 그런 것들을 프린팅해서 달달 외웠어요. 이런 것도 피곤해요.

김명진 근데 저는 군대에 가고 싶어요. 군대가 저에게 가장 매력적인 부분은 제복을 입는다는 점이에요. 칼날 같이 깨끗하고 폼 나잖아요. 그런 것도 매력 있고. 이해 못할 수도 있는데, 군대를 통해서 남자가 생각하는 걸 배워 오는구나, 하는 생각도 했어요. '군대가 남자를 만든다'고 하잖아요. 제가 생각하는 기준에도 맞는 거 같아요. 한 번 더 생각하고, 한 번 더 참고, 한 번 더 누그러뜨리고. 군대가 이런 참을성을 가르쳐 주잖아요. 저 같이 혼자 자란 사람들한테는 같이 발맞춰 나갈 수 있고, 누군가를 배려할 수 있는 성격을 배울 수도 있고, 인내심도 배울 수 있고. 군대가 독단적인 공간이 아니고 자기가 잘못하면 전체적으로 기합을 받으니까, 자신보단 남을 먼저 생각하는 법을 배운다는 걸 느꼈어요. 다른 사람들은 제가 남들을 잘 배려하는 성격이라고는 하지만, 군대에 갔다 오면 이기적인 마음이 좀더 없어지지 않을까 하는 생각을 했던 적이 있어요. 신검을 받을 때도 남자들에게서 부러운 게 그런 점이었어요. 군대를 갔다 오는 것이 부러워서 신검을 받을 때 군대는 한번 갔다 왔으면 좋겠다고 생각했어요. 물론 그런 것들이 한국에서만 통하는 남성 되기의 과정이겠죠. 하지만 나도 한국에서 살아갈 거니까. 허락된다면 가고 싶어요.

한무지 저는 아니에요. 군대가 참 불만이에요. 비성전환 남성들은 열아홉 살이 되면 신검통지서가 날아오고, 딱히 연기사유가 없으면 군대에 가야 되잖아요. 그런데 명진 씨도 얘기했지만, 흔히들 "군대가 남자를 만든다"고 얘기하고, 남성들 모이면 빠지지 않고 나오는 얘기가 군대 얘기, 축구 얘기, 하나 더 끼면 군대에서 축구한 얘기라고 하잖아요. 맞는 얘긴 거 같아요. 내가 속한 집단에서도 그래요. 물론 비성전환 남성들 중에서도 군대에 갔다 오지 않은 사람들도 있죠. 근데 그 사람들은 배제돼요. 심지어 그 사람들을 비하해요. "군대를 안 갔다 온 놈이 뭘 알겠어" 하면서. 우리나라에서 비성전환 남성에게 군대는 굉장히 중요한 것 같아요. 그래서 군대에 갔다 오지 못한, 갔다 오지 않은 나로서는 군대에 갔다 온 것처럼 경험을 포장해야 되는 거예요. 내가 몇 사단을 갔는데 유격훈련을 할 때는 어땠고, 유격하다 죽는 줄 알았고, 군대 건빵 얘기, 교관 얘기, 각개전투 얘기, 각종 총들, 탱크, 비행기, 전투기 그런 것들 다 외우고. 비성전환 남성들과의 대화에 참여하기 위해서는 군대 얘기들이 빠질 수가 없는 거죠.

ftm들도 마찬가지인 것 같아요. 명진 씨처럼 다른 ftm들도 군대가 남자를 만든다고 생각하는 것 같아요. 그래서 군대에 대한 동경이 굉장히 많아요. 일종의 전우애, 남자들끼리 뭉치고, 막 피땀 흘려서 행군하고, 약 발라 주고, 나라를 위해, 내 애인과 국가와 내 부모는 내가 지킨다, 뭐 이런 것들. 또 어떤 ftm들은 거기서 배제됐다고 생각하는 이들도 있어요. 나도 남잔데 왜 내가 군대를 못 가냐, 수술하고 호적상의 성별을 변경하면 나도 현역으로 갈 거다, 남자라면 군대는 나와야 되지 않느냐 하면서. 다들 군대에 대한 동경이 있죠. 남자가 완성되는 공간은 군대라는 의식이 팽배한 사회에서, ftm에겐 군대가 계속 동경일 수밖에 없는 거죠. 근데 나는 마초 근성이 생성

되는 것도 군대가 굉장히 큰 역할을 차지한다고 생각해요.

김명진 남성들만의 문화에서 낯설었던 것 중에 악수와 관련한 것도 있었어요. 저는 그동안 여직원이었잖아요. 어디 업체를 가도 "여직원입니다"라고 소개를 하면 상대가 손을 내밀지는 않아요. 여자니까. 근데 남자일 경우에는 으레 손을 내밀죠. 친하다는 표시로. "아, 누굽니다. 잘 부탁드립니다." 회사에 입사를 하고 부서마다 인사를 하러 다니면, "우리 여직원 누구예요", 그러면 그냥 인사만 해요. 근데 남자직원은, 남자직원이라고 얘기도 안 하죠. "우리 부서의 누구누구 씨야", "누구누구 대리야", 상대가 먼저 손을 내밀어 악수를 해요. 근데 제가 호적이 바뀌고 회사의 업체에 가서 인사를 했을 때, 악수하는 분위기에 익숙하지 않아서 상대가 먼저 손을 내미는데 주춤했던 적이 있어요. 남자들은 손을 내밀면 자연스럽게 악수를 하면서 친밀감을 표시하잖아요. 근데 제가 주춤했던 것이 상사의 눈에 거슬렸나 봐요. 그래서 지적받았어요. 남자는 무조건 업체를 만나면 친밀함을 표시해야 된다, 그건 남자들의 특권이자 부여받은 혜택이다, 악수를 잘하면 인상이 좋게 보인다, 남자는 무조건 악수를 잘해야 점수를 따는 것이다. 너무 웃긴 거잖아요. 근데 남자들은 그런 생각을 갖고 있어요. 인사를 잘하고, 악수를 잘하고, 웃으면서 호감을 보여 주는 것이 친밀감의 표시라고 생각해요. 그것이 남자들의 특권이라고 생각하고요. 그리고 술 따를 때에도, 회식 때에도 그런 걸 지적받았죠. "네가 먼저 가서 술을 따라 주는 게 남자들한테 얼마나 마인드를 높여 주는 줄 아느냐?"라는 식으로. 그런데 여자들은 그런 게 없잖아요. 따라 주는 것 자체도 부담인 거잖아요. 그런데 남자들 사이에서는 "먼저 친해지고 싶으면 네가 가서 술 따르고, 네가 가서 악수해라", 이런 걸 지적받은 적도 있어요.

한무지 뭐 그런 부분들을 지적받은 적은 없지만, 뭔가 난감하고 이상한 기분을 느낀 적이 있어요. 일전에 회사에서 회식이 있었어요. 늦게까지 술 한 잔을 하고 회식자리가 끝났는데, 여자 직원 몇 명이 같이 있었거든요. 근데 상사 한 분이 그러는 거예요. "네가 남자니까, 책임지고 집에까지 바래다 드려라." 내가 키가 크건 작건, 덩치가 좋건 아니건, 남자니까 여자 분들을 집에 바래다 드리라는 거죠. 그 말을 듣고 기분이 되게 묘했어요. 지금까지 내가 있어 왔던 공간에서는 이런 것들이 별로 없었거든요. 그렇게 공개적인 자리에서, 정말 전형적인 회사 공간에서 뭔가 남자로서의 역할 같은 걸 요구받으니까. 특히나 제가 다니는 직장은 150명 중에 여직원은 5명 정도밖에 없거든요. 그 말을 듣고, '아, 이게 이 공간에서 남성의 위치라는 거구나. 내가 좋든 말든 상관없이 나의 성별이 남성이기 때문에 주민등록번호 2번인 취한 사람을 집까지 안전하게 모셔다 드려야 하는 거구나.' 정말 기분이 묘하더라고요. 그러면서 그런 얘기도 덧붙이는 거예요. "너 가다가 헛짓하지 마라." 아주 당혹스러운 거야. 택시를 탔는데, 뒷자리에 같이 못 앉겠더라고요.

김명진 남성문화에서 배워 가는 것도 있어요. 저는 성별변경이 되고 나서 저한테 주어지고 제가 가져야 할 부분은 책임감이라고 생각했어요. 책임감을 갖기 위해 되게 많이 노력하고, 많은 과정을 겪고 있다고 생각해요. 제가 하는 일은 기계설계라 90%가 남자예요. 여자들은 거의 찾아볼 수 없고. 그래서 남자들하고 어울리고 남자들 무리 속에 있고, 남자들 안에서 공동체 생활을 하니까 그 속에서 남성을 배우거든요. 근데 저는 여자였던 경우도 있었잖아요. 제 친구들도 거의 여자가 많고. 여자들 무리에 있다가 남자들 무리에 가면, 어떻게 보면 되게 웃긴 말인데, 뭔가를 터득하는 학습효과를 누리게 돼요. 생활하다 보면 여자와 남자는 책임감에 있어서 생각이 다르다는 것을 느껴요. 예를 들면, 여자들은 책임감을 얘기하면 그냥 자기가 맡은 일, 결혼해서는 자기가 해야 될 일 이런 것밖에 생각하지 않는데, 남자들 무리에서는 개인적인 책임감도 있지만 내 여자, 내 가족을 책임져야 한다는 게 되게 많아요. 그래서 남자는 내가 좋아하는 일이 있고 직장을 바꾸고 싶어도, 정말 하고 싶은 일이어도 돈을 적게 주면, 특히나 가정이 있는 남자들은 못 옮겨요. 또 보편적으로 남자들은 입이 무거워요. 그리고 제가 낯을 많이 가려서 사람들이랑 잘 어울리질 못하는데, 남자들의 사회생활에서는 관계에서의 적극성을 많이들 얘기해요. 누가 너를 챙겨 주기 전에 먼저 가서 들이대라, 그래야 네가 살아남는 법이다, 그런 것들을 많이 배웠어요. 하지만 남자들의 문화에서 배우기 싫은 문화도 있어요. 특히 술자리의 2차 문화. 남자들의 2차 술자리 문화는 항상 여자들을 부르거든요. 여자들이 있는 술자리를 좋아해요. 그런 델 끌려 다니면서 같이 맞춰 줘야 하는 것들이 되게 싫어요. 어쩔 수 없이 끌려 다니는 게 많아요. 항상 부담스럽고 싫죠.

고종우 어떻게 보면 남성문화가 ftm남성들 속에도 젖어 드는 측면들이 있죠. 저의 주관적인 생각이어서 단정지어 얘기하지는 못하겠지만, 여러 가지로 ftm남성들 사이에도 남성문화의 어떤 측면들이 존재하는 것 같아요. 그걸 본능적이라고 봐야 하는 건지는 잘 모르겠지만, 그런 것들이 있어요. 왜 남자들이 사람을 사귀는 방식이 서로 싸우면서 사귀는 것이 있잖아요. 싸워서 누가 더 강한가 약한가, 그런 것들을 은근히 재는 면이 있잖아요. 같은 형제끼리도 그렇고, 학교생활도 그렇고, 사회생활에서도 은근히 꿀리기 싫어하고 경쟁하게 되고. 어떻게 보면 선의의 경쟁 같기도 하지만. ftm 사이에서도 그런 면들이 있어요. 하지만 제가 어릴 때부터 취해 오지 않은 남성문화 같은 것들을 억지로 닮고 싶진 않아요. 술자리에서의 음담패설이라든가, 저에게 낯선 것들이 있잖아요. 아무튼 간에 진짜 머리 아파요.

한무지 직장에서의 내가 다르고, 트랜스젠더 활동가로서 한무지가 다르고, ftm 한무지가 또 다른 것 같아요. 나는 매 순간 연기를 하는 거죠. 회사에선 약간 어수룩하고, 마초 같고, 여자를 잘 후리고, 소싯적에 좀 놀았고, 이런 모습을 보여 주는 거죠. 직장에서 요구하는 모습이 있으니까. 특히 내가 다니는 직장은 남성들이 많은 공간이어서 그 집단이 내게 바라는 남성적인 모습들이 있어요. 남자들이 모여 있으니 하는 얘기는 섹스 얘기, 여자 얘기. 근데 나는 그런 얘기들이 거슬리면서도 맞장구를 쳐줄 수밖에 없어요. 한번은 기타를 친다고 손톱을 길렀더니 "야, 무슨 계집애처럼 손톱을 기르냐?"고 그러고. 또 얼마 전에 좀 예쁜 신발을 사서 신고 갔더니, "야, 무슨 계집애 같은 신발을 신냐?"는 거죠. 이런 반응에 나는 계속 대처를 해야 되는 거잖아요. 그들이 내게 요구하는 모습도 부담스럽고, 매 상황마다 웃어넘기는 것도 부대끼고 짜증나고. 지적해 주고 싶기도 하죠. "그건 아닌 것 같다." 하지만 직장상사니까. 그리고 두려움도 있어요. 내가 이상한 사람으로 찍히진 않을까, 그래서 아웃팅 당하진 않을까. 그래서 갈피를 잡기가 힘들어요.

김명진 성차별 같은 것들이 있죠. 남자들하고 있으면 남녀차별 같은 부분들이 있어요. 저는 여자로도 회사를 다녀 봤고, 남자로도 회사를 다녀 봤잖아요. 달라요. 예전에 여자로 입사해서 회사를 다녔을 때, 컵을 안 닦아서 회사에서 잘린 적도 있어요. 대부분 경리부에서 컵을 닦잖아요. 저는 개발부였거든요. 근데 제가 무슨 일을 하건, 무슨 부서건 여직원이었던 거예요. 그리고 여직원은 컵을 닦아야 된다, 이렇게 된 거죠. 거기다 대고 제가 "저는 개발부여서 컵을 못 닦겠습니다"라고 말했어요. 결국 잘렸죠. 여자들이 컵을 닦으러 회사에 오는 건 아니잖아요. 자기 나름대로 일들이 있는데. 그것도 남자들이랑 똑같은 일을 하는 거잖아요. 근데 반대로 남자로 취직한 다른 회사에서는 제가 지저분한 걸 못 보기 때문에 개수대에 쌓인 컵들을 닦은 적이 있어요. 그랬는데, 사장이 지나가다가 "네가 왜 그러고 있냐? 남자가 왜 그러냐?"고 되게 뭐라 하더라고요. 물론 여직원들은 되게 좋아하죠. 쓰레기도 치우고, 책상도 닦고, 설거지도 하니까. 다른 사람들도 김 대리님만큼만 했으면 좋겠다고 해요. 남자들도 집에서는 안 그러면서 왜 유독 회사에서는 그러는지 잘 모르겠어요.

여성에 대해 사람들이 뭐라고 얘기할 때, 제가 발끈하는 이유는 제가 어렸을 때부터 여성의 신체로 살아왔기 때문에 그런 것 같지는 않고, 그냥 살아가면서 느꼈기 때문에 그런 것 같아요. 뭘 느꼈냐면, 남자랑 여자가 다르지 않다는 거. 또 다른 일례로 봤을 때, 저는 호적으로는 다시 태어났지만 29년간 살아온 거는 똑같은 김명진이라는 사람이잖아요. 호적상의 번호만 하나 바뀌었을 뿐. 근데 제가 사회생활을 하는 데 있어서 여자로, 여사원으로 근무할 때와 남자사원으로 근무할 때, 너무 많이 달라요. 연봉만 해도 2,000만 원이 차이가 나요. 1,500만 원인가? 예전에는 서류전형에도 통과하기가 힘들었어요. 서류전형에서 만약 통과가 되어도 면접에서 떨어지는 경우가 상당히 많았어요. 경력이나 학력이 좀 돼도 그렇더라고요. 오히려 그런 외모에, 매치가 안 되는 주민번호, 전혀 이해할 수 없다는 학력으로 받아들이더라고요. 남자들의 경우엔, 자기보다 잘난 여자가 있으면 그걸 못 받아들이더라고요. 만약 그 여자가 예쁘면 용서가 되는데,

여자 중에서도 저처럼 용모가 특출한 사람들한테는, "너의 외모가 그렇기 때문에 독한 거고, 독해서 그렇게 된 거다."

한무지 저는 잘 모르겠어요. 말할 수 있는 건 많겠지만 내 경험 속에서는 잘 모르겠어. 회사에서 경리를 보는 한 여성이 나보다 연봉도 높고. 연봉 차이는 아닌 것 같은데. 직업의 선택 폭이 넓나? 그것도 또 딱히 아닌 것 같고. 잘 모르겠어요. 글쎄요. 내가 비성전환 남성이 아니라서 그런 건가?

김명진 주민번호 1번과 2번의 차이가 있죠. 왜냐면 제가 여자였을 때도 똑같은 일을 했고, 지금도 똑같은 일을 하는데, 단지 저한테 변한 건 1번과 2번의 차이밖에 없거든요. 근데 대우가 달라요. 여자는 승진도 마음대로 안 되더라고요. 능력이 있어도, 그 일과 관련해서 아무리 많은 지식이 있어도. 저는 여자는 대리 이상을 본 게 좀 드물어요. 하지만 남자는 승진이 빠르고, 좀 편하고. 그리고 연봉 차이도 크죠. 최근에도 그런 차이를 느꼈어요. 직업학교 다닐 때 친한 여자 동기가 있었는데, 취업 때문에 같이 면접을 보러 다녀 보면 우리를 대하는 게 다르더라고요. 나이도 동갑인데, 여자 나이랑 남자 나이랑 인식되는 것이 달라요. 면접 가서 분위기를 봐도 그렇고, 면접관들이 우리한테 질문을 하거나 혹은 이력서를 들춰 보는 것을 봐도 그렇고, 29살의 남자인 나를 대하는 것과 29살의 여자를 대하는 것이 확연하게 차이가 나더라고요. 내가 만약에 그냥 남자였다면 그런 느낌을 못 느껴 봤으니까 모르겠지만, 나도 얼마 전까지는 그랬었고 똑같았으니까 아무렇지 않을 수가 없더라고요. 그 친구한테 면접관들이 던지는 첫 질문은 여자 나이 29살인데 결혼은 언제 할 거냐는 질문이었어요. 근데 저한테 던진 첫 질문은 이 분야에 대해서 어떻게 생각하는지, 이 회사에 대해서 어떻게 생각하는지였어요. 한국사회에서는 여자 나이 29살이라는 걸 되게 꺼려 하더라고요. 학교에서도 남자 동기들은 자기 원하는 회사 골라서 빨리 취업이 됐는데, 그 여자 동기는 그럴 수가 없더라고요. 그 친구가 상당히 억울해하고 속상해했죠. 안타까워요. 남 일 같지만도 않고. 그런 것처럼, 대한민국 사회에서 여자라는 성별은 너무 부당한 것 같아요. 모든 대한민국 여성분들이 공감하겠지만, 남성에 비해서 너무 부당한 대우를 받는다고 생각해요.

딸에서 아들로,
언니에서 오빠로 :
기존 관계의 변화

고종우 처음엔 일상생활 중에 간혹 여자로 대하는 것이 있으면
화내고, 얘기도 안 하고 나와 버리고 그랬어요. 가족들 사이에서도
겉돌고. 열등감이 많았으니까, 식구들이 다 싫었어요. 왕래도 적었
죠. 내가 은근히 바라는 것이 있는데 기대에 못 미치니까. 예를 들면
큰누나 집에 가면 누나가 나랑 남동생을 대하는 것이 달라요. 저는
알아서 챙겨 먹으라고 하는데, 남동생은 챙겨 주는 거죠. 내가 아직
수술도 하지 않아서 생활상의 변화가 없나 봐요. 그래서 한때는 수술
도 다 하고, 완벽해지면 만나려고 했어요. 어머니도 처음에는 "네가
무슨 아들이냐"라고 하셨어요. 살아 계셨을 때에는 제가 주사 맞고
그러는 걸 상상도 못하셨을 거예요. 수술 얘기는 한 적이 있어요. 처
음에는 인정을 못하셨죠. 당신이 아프시니까 내가 마음대로 자기 멋
대로 사는 거라고, 당신이 아프니까 무시해서 그런 거라고. 그런데
투병생활이 길어지시다 보니까 어린애가 되시더라고요. 거기다 같이

지내는 시간이 길어지면서, 나중에 돌아가시기 직전에는 아들 하나 더 생겨서 좋다고 하시더라고요. 근데 지금은 특별히 부딪치는 건 없어요. 그냥 이해하고 넘어가는 거지. 큰누나가 바라는 건 집에 여자는 데려오지 마라, 그 정도. 여자가 집에 들어오면 어떻게 대해야 되는지 고민스러웠나 봐요. 그리고 작은누나는 수술은 하지 말라고 해요. 하다가 죽는다고. 태국 병원에서 수술하면 뭔 일 생겨도 가족들한테 알리지도 않을 테고, 너 죽어도 쥐도 새도 모르게 죽는다고. 작은누나가 좀 재밌어.

김명진　가족들도 이해하기 힘들어해요. 처음에 엄마는 이해를 못하셨어요. 호르몬 하고 목소리가 바뀌고 외모가 바뀌었을 때, 엄마가 대놓고 그런 얘기도 한 적이 있어요. 저녁에만 집에 오라고. 엄마집에 가서 김치를 가져오거나, 엄마가 뭐 사다 놓으면 가지러 가고 그랬는데, 엄마가 대놓고 그러신 거죠. 동네 사람들 보니까 저녁에만 오라고. 몇 십 년을 살아온 동네니까 동네 사람들이 저를 알잖아요. 근데 갑자기 몇 년 사이에 얼굴에 수염도 나 있고, 넥타이도 매고 다니고, 목소리도 달라졌으니까 사람들이 이상하게 생각할 거잖아요. 엄마도 혼란스러웠나 봐요. 그래서 처음 성별변경 한다고 말씀 드렸을 때에도 "쓸데없는 소리 하지 마라. 나는 딸을 낳았지 아들을 낳은 적은 없다"며 굉장히 부정적이었어요. 엄마가 연세도 많으시고, 제가 어렵게 낳은 자식이었기 때문에 상당히 민감한 부분이 있었죠.

　　어렸을 때 사진을 보면 엄마가 저를 굉장히 아끼면서 곱게 키웠다는 걸 알 수가 있어요. 아직까지도 엄마는 그런 제 어릴 때의 기억을 가지고 계세요. 당신이 귀엽고 예쁘게 잘 꾸며서 키워 왔던 여자 아이의 모습만 기억하고 계시는 거죠. 그런데 어느 날 갑자기 호적상의 성별을 바꾸겠다고 하니까, 그 충격이야 말로 다 할 수 없으셨겠죠. 그래서 성별변경 서류를 준비할 때도 거의 얘기를 못했어요. 얼핏 얘기라도 나오면 "미친년 지랄하고 있다", 이렇게 말씀하시고. 어머니는 인정을 안 해주셨죠. 근데 그렇게 반대를 하시다가, 호적상의 성별이 바뀌었다고 말씀드리니까, 믿기지 않아서 그러셨는지 모르겠지만 오히려 담담하셨어요.

그 다음에 있었던 엄마와의 갈등은, 몸에 칼은 대지 말라는 거였어요. 그래서 그 부분에 대해서 제가 굉장히 많은 얘길 했었죠. 내가 살아가는 데 있어서 가슴이 얼마나 많이 불편할 건지는 엄마도 알고 있지 않느냐, 또 자궁이 있으면 문제가 생겨서 간이 많이 나빠질 거다, 라고. 엄마는 호르몬투여에 대해서도 안 좋게 생각하셨어요. 하지만 이제는 엄마도 수술할 때 의료보험 문제라든가, 여러 가지 이야기들을 투덜거리듯 하세요. 관심 없는 척하셔도 여기저기 알아보셨나 봐요. 그동안 많은 일이 있었고, 많은 얘기를 했고. 만나면 얘기하고, 만나면 얘기하고. 엄마를 계속 변화시키는 거죠. 지금은 포기하신 것도 있고, 적응하신 것도 있고, 인정하시기도 하고, 거의 그런 분위기예요.

한무지 저도 엄마가 매일 창피하다고 그러셨어요. 내가 여자친구 얘기하면, "걔가 뭐가 못나서 너 같은 애를 만나냐"고 하시고. 씁쓸했죠. 그럼 내가 얘기하죠. "엄마 아들이 뭐가 못나서? 잘생겼지, 능력 있지."

이해를 많이 못하셨어요. 엄마랑 같이 길 가다가도 동네 아주머니를 만나면 퍽 밀어요. 저리 가 있으라고. 근데 가슴수술을 하고 나서 퇴원하고 집에 갔는데, 엄마가 사흘 밤낮을 밥도 안 드시고 우시더라고요. 그러고 나서 많이 수그러들었어요. "네가 어차피 남자로 살기로 결심했으니까 그냥 잘 살아라", 그렇게 말씀하시더라고요. 수

술을 했으니까 더이상 돌이킬 수 없다고 생각하시는 것 같아요. 요즘
은 엄마가 트랜스젠더에 관한 정보를 인터넷으로 찾아보시기도 하
고, "호적상의 성별을 바꿔야 하는 거 아니냐"고 말하시기도 하고. 그
건 수술을 다 해야 된다고 하니까, "그 수술비 얼마냐?"고 물어보시
더라고요. 이런 반응을 들으면서, 엄마도 많이 극복했구나, 체념했구
나, 싶었어요. 지금은 그냥 아들로 대해 주세요. 한번은 친척들이 나
를 TV에서 봤다며 어떻게 할 거냐고 엄마한테 물었대요. 근데 엄마
가 "그렇게 되었다. 잘 살고 있다. 그렇게 살 거다" 하고 말씀하셨대
요. 여동생도 처음엔 "너 엄마 죽기 전까지는 수술하지 마라"고 했는
데, 요즘은 자연스럽게 "오빠"라고 불러요.

김명진　바뀌시는 거죠. 엄마도 많이 바뀌셨어요. 물론 가끔가
다 엄마가 저를 '딸'이라고 불러요. 딸이라고 하시다가, 다시 '자식'
이라고 바꾸기도 하시고. 제가 "아들이 어쩌고저쩌고", 일부러 이렇
게 얘기를 해요. 아들을 강조하려고 그렇게 얘기를 하면, "미친년, 지
랄을 해요", 이렇게 말씀을 하세요. 꼭 '년'자를 붙이세요. 근데 또
은근히 많이 바뀌셨어요. 결혼 얘기를 하면, 옛날엔 여자는 절대 만
나면 안 된다고 하셨는데, 요즘에는 내 사주가 결혼을 늦게 할 팔자
라고, 사주에 나와 있는 것처럼 늦게 하라고 하세요. 사주에 서른 네
살에 결혼한다고 나와 있대요. "너를 이해해 줄 수 있는 여자가 있을
지는 모르겠지만, 늦게 가라"고.

　　옛날에는 결혼 얘기 나오면 눈에 쌍심지를 켜고 반대하셨거
든요. 혼자 살라고 하면서. 요즘엔 "바꿔 주려면 제대로 다 바꿔 주던
가, 왜 호적상의 성별만 바꿔 주고 인생은 똑같이 힘들게 살게 만드
는지 모르겠다"라고까지 말씀하세요. 그렇게 얘길 하면서 결혼 얘기
도 먼저 꺼내시고. 엄마가 나를 완전히 이해하신다거나 저 같은 트랜

스젠더를 이해하시는 건 아니에요. 하지만 그냥 묻어 주시는 것 같아요. 자식이니까, 내 자식이니까. 제가 생각할 땐, 다른 사람이면 이해의 맥락으로 접근이 되는 건데, 가족이면 이해보다는, 이해는 아니고, 이해를 하건 안 하건 그냥 받아들일 수밖에 없는 것 같아요. 그냥 감싸 안아 주는 거죠. 이해를 해서, 이해를 하려고 그런 건 아닌 것 같아요.

한무지 가족들을 이해시킨다는 것이 물론 쉽지는 않아요. 옛날에 그런 적도 있어요. 제 회사에 사촌 꼬맹이가 놀러 와서 근처 식당에서 같이 밥을 먹은 적이 있는데, 거기서 회사 동료들을 만났어요. 근데 이 동생이 자꾸 나한테 "언니, 언니" 하는 거예요. 회사 동료들이 바로 뒤에서 밥을 먹고 있는데. 식은땀이 흐르는데 진짜 눈치 없게 구는 거예요. 이모들과도 힘들었어요. 이모한테 커밍아웃한 적이 있는데, 그때는 그냥 무리 없이 받아들이시는 것 같았어요. 무슨 일만 있으면 계속 부르고 잘 대해 주셨단 말예요. 그래서 나는 관계가 좀 괜찮아지려나 보다 했죠. 근데 제 동생 막둥이한테 이모가 그러셨대요. 시집가면 바뀔 거라고. 황당했죠. 하지만 이제 사촌동생도 형이라고 불러요.

한번은 사촌동생이랑 싸이월드 일촌을 맺었는데, 그 동생이 내 방명록에 "형이라고 부르는 게 편하지? 형이라고 부른다", 그렇게 글을 남긴 적이 있어요. 그러곤 형이라고 부르더라고요. 그리고 또 그 밑에 있는 사촌동생이 제 사진을 퍼 가겠다는 거예요. 그 동생이 자기 홈피에 사진을 '멋진 남', '멋진 여' 란 폴더로 만들어 놓았어요. 그래서 나는 열심히 여자 폴더에 들어가서 제 사진을 찾았죠. 근데 없는 거예요. 혹시나 해서 남자 폴더에 들어갔더니, "사촌오빠다", 그렇게 적어서 올려놓은 거예요.

다들 갑자기 변했어요. 삼촌들도 나를 인정해 주고. 나한테 "아들, 아들" 하고.

고종우　가족들도 대단한 것 같아요. 예전에 저는 조카들을 못 살게 굴었어요. "삼촌을 가족으로 생각하지 않냐?", "가족인데 이해를 못하냐?" 하면서 화를 냈죠. 애들이 무서워서 "삼촌"이라고 불렀지. 근데 습관을 어떻게 갑자기 바꿔. 예전에 제 조카 중에 중학교 들어간 조카가 있는데, 그 조카가 재미있게 얘기하다가, "나는 삼촌의 비밀을 알아", 그러면서 "우리 집에 삼촌의 옛날 사진이 있어", 그러더라고요. 그래서 며칠 전에 형네 갔을 때, 제가 그 사진을 봤어요. 정말 너무 황당하더라고요. '내가 이런 시절이 있었구나', 하는 그런 사진이었어요. 그때가 26, 27살 때 찍은 사진인 것 같은데, 정말 누가 보더라도 완전히 여자 같은 그런 느낌을 주는 사진이더라고요. 멜빵

바지를 입고 사진을 찍었는데, 저는 그 멜빵바지가 있는 줄도 몰랐었어요. 빨간색이더라고요. 빨간색을 입었던 거죠, 내가. 지금 같았으면 입지도 않았을 색깔을 그 당시에는 입었더라고요. 이걸 보고, '내 조카들 대단하다'는 생각을 했어요. 이걸 봤으면서도, 나를 삼촌이라고 부르는 거 보면. 혐오스럽게 생각하지 않고 받아들여 주는 그런 조카들이 고맙더라고.

그리고 그 사진에 제수씨도 같이 찍혀 있더라고. 제 동생이 8년을 연애하고 결혼했는데, 그때가 둘이 연애하고 있던 시절이었나 봐. 그걸 보니까, 제수씨가 얼마나 혼란스러울까 싶더라고요. 나는 잊어버렸던 모습이 사람들 기억 속에는 남아 있으니까. 언젠가 매형이 얘기한 게 기억이 났어요. "나는 너를 처제로 만났는데 어떻게 너를 처남으로 부르겠나." 그때는 기분이 안 좋았는데, 나중에 생각해 보니 그런 게 아니더라고요. 이런 혼란의 과정이라는 것이 매형이나 제수씨에게도 있는 과정이구나, 싶고. 형수님도 마찬가지고.

김명진 제가 레즈비언 커뮤니티에서 알게 돼서 지금까지도 친하게 지내는 친구들은 제가 ftm으로서의 삶을 선택하는 것을 가장 많이 반대했어요. 많이 우려하고 걱정하고 말렸던 사람들이에요. 하지만 제가 왜 이런 삶을 선택했는지 누구보다도 잘 아는 친구들이고, 제 변화를 줄곧 지켜봐 왔던 친구들이기도 하죠. 지금은 제가 남자로 생활하고 있고, 남자들과 어울리면서 살고 있어서 그 친구들과 어색하진 않을까 하고 생각할지 모르겠지만 전 그렇지는 않아요. 물론 친구들이 많이 달라졌다고 얘기하죠. 목소리도 달라졌고, 얼굴 형태도

변해 간다고 얘기해요. 하지만 그것 뿐예요. 외모만 달라진 거예요. 성격도 그대로고, 함께 지내는 것도 그렇고, 단지 호칭만 조금 달라졌을까?

얼마 전에도 그 친구들과 엠티를 갔다 왔지만, 그 친구들끼리의 분위기와 직업학교 남자 동기들끼리의 분위기가 별반 다를 게 없어요. 물론 생각하는 것, 말하는 것, 모임에서 이슈화되는 것은 다르죠. 하지만 저는 양쪽 모두 그 집단의 일원이기 때문에, 그때 그때 그 상황에 맞게 거리낌 없이 어울려요. 이쪽 가서는 이쪽 사람답게 편하게 어울리고, 남자 동기들 모임에서는 형으로서 남자의 일원이 되는 거고. 여자친구들과의 모임에서는 예전부터 저를 알고 있었으니까, 여자로 알고 있었으니까 '언니'라고 부르는 친구도 있어요. 언니였으니까. 제가 그 친구들한테 강요해 가면서 '오빠'라고 부르게 할 수는 없잖아요. 제가 부정하는 것도 아니고. '언니'라고 부르고 싶으면 '언니'라고 부르는 것이 당연한 거고. '오빠'라고 부르면 나야 좋은 거고. 다만 장난스럽게 '아저씨'라고 부르는 친구들도 있는데, 그건 제가 지적을 하죠. 나이가 있는데 왜 아저씨냐, 그런 식으로 장난도 치고. 불편한 건 없어요. 과거에 제가 여자였다는 사실이 창피하거나 부끄러운 일이 아니니까. 저한테는 소중한 추억이기도 하니까.

한무지 저도 별로 부대끼는 건 없어요. 예전부터 알고 지내는 동생들이나 친구들 모두 제가 ftm인 걸 알면서도 그냥 남자로 대하니까. 별로 부대끼진 않아요. 만약 그 친구들이 나한테 그렇게 대하지 않았다면, 내가 ftm인 걸 알자마자 "태어날 땐 여자였던 거야? 그렇게 남자가 되고 싶었어? 어쩐지 키가 좀 작더라"라는 식의 반응을 보였다면, 관계가 틀어졌겠죠. 하지만 가끔 그런 경우도 있기는 해요. 예전부터 알고 지내는 사람들 중에 저를 오해하는 경우도 있어요. 나의 변화를 놓고 차라리 대놓고 물어보면 좋겠는데, 그러면 속 시원하게 설명이라도 해주겠는데 그렇지 않은 경우들도 있죠. 심지어 내 친구 한 명은 트랜스젠더와 레즈비언의 차이를 몰랐대요. 저를 놓고 레즈비언이라고 표현을 하더라고요. "한무지 남자잖아"라고 말해 놓고, "레즈비언이야"라고 하는데, 그게 도대체 무슨 말인지. 제대로 모르는 상태에서, 물어보지도 않고 오해만 하는 거죠. 그러면 난 졸지에 이상한 사람이 되는 거고. 이런 오해가 커져서 수습할 수 없을 정도까지 갈 때도 있어요. 그래서 때로는 관계가 힘들어지기도 해요. 그냥 나를 비성전환 남성으로 알고 있으면 차라리 편한데, 예전부터 나를 알던 사람들하고 얘기를 나누다 보면 많이 신경 쓰이죠.

주민등록번호 '1'로
살아간다는 것 :

성별변경 이후

김명진 처음 호적이 바뀐 후에는 뭐든 다 될 것만 같았어요. 학력이나 경력도 충분하다고 생각했고, 어느 회사든지 들어갈 수 있을 거라고 생각했어요. 자신감이 넘쳤죠. 근데 막상 취직이 쉽진 않더라고요. 취업난이 심해서. 그래도 다행히 ○○이라는 대기업에 취직이 됐어요. 그때부터 날개를 단 것 같았죠. 대기업의 연구원으로, 그것도 내가 바라던 남자 직원의 한 사람으로 근무를 하게 되었다는 점도 그렇고, 잘 정돈된 책상에, 파티션에, 대기업의 연봉에, 대기업의 복리후생까지 종합적으로 너무나 만족스러웠어요. 그렇게 3, 4개월 근무를 하던 중 문제가 발생한 거죠. 다리가 아파서 회사 지정 병원을 갔는데, 치료를 받던 중에 제가 당뇨가 있다는 사실이 회사에 알려졌어요. 입사하면서 제출한 건강진단서에는 그 부분을 기재하지 않았거든요. 그게 문제가 되는 바람에 퇴사조치가 내려졌는데, 저는 납득할 수 없었어요. 당뇨가 전염병도 아니고, 일을 못하는 것도 아니잖아요. 그래서 노동청에 진정서를 냈어요. 근데 회사가 그 문제를 처리하면서 저에 대해 조사를 했고, 그 과정에서 학력위조와 경력위조로 저를 고소한 거죠. 학력이라든가 경력을 위조하려고 했던 건 아니에요. 다만 이 외모와 '1'번이라는 주민번호를 가지고 ○○여자 중학교, ○○여자 고등학교를 나왔다고 이력서에 기재할 수가 없었던 거죠. 그래서 단지 '여자' 자만 빼고 학력을 기재한 거예요. 누가 보기에도 저는 남잔데, 여자 중학교를 나왔다고 할 수는 없으니까. 나는 성전환자로서 사회생활을 제대로 하고 싶은데, 대한민국의 이력서에는 최소한 고등학교 때부터 쓰게 되어 있으니까. 꼭 여자만 중학교 고등학교 앞에 '여자' 자가 붙는 것도 마음에 안 들고. 경력도 그래요. 경력은 사실 위조한 것이 없어요. 제가 근무한 경력을 그대로 다 기재해서 제출한 건데, 회사에서 이전에 근무했던 경력을 조사할 때 지금 주민번호로 조회를 했으니까 당연히 근무 경력이 나올 리가 없었던 거죠. 주민번호가 아예 바뀌었으니까. 아예 지금 주민번호로는 대한민국에서 전혀 근무한 경력이 없는 사람으로 나오니까. 그것 때문에 회사는 저를 고소했고, 저는 경찰서를 오가면서 조사를 받아야만 했죠. 결국 제가 무혐의 판결을 받기는 했지만 많은 상처를 받았어요. 그래서 퇴사를 한 후에는 다른 회사에 들어갈 엄두가 나질 않더라고요. 계속 슬럼프였어요. 그러면서 직업학교도 다니고, 이것저것 닥치는 대로 아르바이트도 하고. 많이 힘들었어요.

김명진 성별변경을 하고 여권을 만들기 위해 시청을 갔어요. 시청엘 갔더니 대한민국 남자는 병역을 마친 사람들만 장기 여권이

발급된다면서 병무청에 가서 병역 관계를 떼어 오래요. 물론 시청에 가서도 내가 어떤 사람인지를 얘기하고 성별변경된 이야기도 했죠. 근데 자기들도 규칙이 있기 때문에 서류가 필요하다고 그러더라고요. 그래서 병무청에 가서 얘길 했더니, 두 달 정도 후에 신체검사를 받으러 오라고 연락이 왔어요. 갔더니 다른 사람들이랑 똑같이 검사를 받게 하더라고요. 두 달 전에 병무청에 갔을 때 얘기를 다 하고 왔단 말예요. 내가 이런 사람이고 이렇게 된 입장이니까, 내가 나중에 검사를 받으러 오면 내 상황에 맞게 고려해 줬으면 좋겠다고. 부탁하고 왔단 말이죠.

근데 옷만 안 갈아입었지 다른 사람들이랑 똑같이 줄 서서 똑같이 검사를 받게 하더라고요. 처음부터 다 똑같이. 엑스레이를 찍을 때 번호가 중간 정도였는데, 다들 웃통을 벗는 거예요. 그때는 가슴수술도 하지 않았을 때여서 더더욱 당황스러웠죠. 그래서 주춤주춤하고 있는데, 마침 일전에 내가 부탁했던 그 사람이 오더니 군의관한테 얘기를 해서 맨 뒤에 다시 줄을 세우더라고요. 맨 뒤에 가서 압박셔츠만 입고 찍었죠. 자존심이 상했어요. 중간에 서 있던 사람을 맨 뒤로 보내는데, 같이 있던 사람들이 어떻게 생각했겠어요. 게다가 다들 똑같은 체육복을 입고 있는데 나만 사복을 입고 있으니까 더욱 시선을 받을 수밖에 없었죠. 나 하나만 동떨어져서 다른 행동을 하니까 바보가 된 거고, 문제 있는 사람이 된 거고, 뭔가 결점이 있는 사람이 된 거예요. 그때부터 이건 좀 아니다 싶었는데, 가장 큰 문제는 비뇨기과 검사를 할 때였어요. 비뇨기과 검사를 담당하는 군의관이 확인 사항이 필요하다는 거예요. 자기네들은 아직까지 그런 경험이 없어서 어떤 급수를 내려야 될지 모르겠다면서, 확인사항이 필요하고 증거자료가 필요하다고 얘길 하더라고요. 그럴 수밖에 없겠죠. 현재 징병검사 기준에는 제 상황에 맞는 게 없으니까. 고환 결손인지, 고환

위축인지, 맞는 게 없거든요. 급수를 매기는 그 기준에는 성전환자에 관한 고려가 없으니까. 사실 서류도 다 준비해 갔어요. 비뇨기과에서 나온 진단서랑 법원 판결문이랑. 그런데도 증거자료가 필요하다는 거예요. 그래서 물었죠. 어떤 증거자료를 원하느냐. 그랬더니 자기네들이 필요한 건 얼굴부터 발끝까지 나온 전신사진이래요. 결국 그날은 검사를 다 받고도 급수 판정이 보류되었어요. 다음 날 요구하는 서류들을 다시 떼서 갔죠. 근데 그날 그러더라고요. 병역 진단서가 있었는데도, 자기네들이 눈으로 직접 확인을 해야 된다고. 그러더니 비뇨기과 의사 한 명이랑 다른 의사랑 둘이서 엑스레이실로 절 데리고 갔어요. 바지를 내렸어요. 확인을 시켜 줬어요. 솔직히 그렇잖아요. 목욕탕 가서 보는 거랑 그런 데서 보는 거랑은 천지차이잖아요. 더더구나 저희 같은 사람들은 신체적인 콤플렉스가 있는 사람들인데, 그걸 들춘다는 것 자체가 많은 상처를 주는 일이죠. 충분한 증거자료가 있었는데도 그걸 무시하고 자기네들 눈으로 확인해야 한다면서 저를 직접적으로 욕보인다는 건 말이 안 되는 거예요.

그래서 인권위원회에 진정을 냈어요. 저는 6급 면제를 받고 어떻게 보면 끝난 문제이지만, 제 친구들도 똑같은 상황을 겪을 수 있으니까 이런 문제들을 없애야 한다고 생각했어요. 저희 같은 사람들을 위한 다른 징병검사 절차가 필요한 거예요. 전 솔직히 그래요. 징병검사 기준 자체가 가장 보편적이라고 얘기되는, 가장 평범하다고 얘기되는 대한민국의 일반 남자들을 중심으로 하는 거잖아요. 하지만 나는 다르잖아요. 그래서 내 기준에 맞는, 나랑 똑같은 사람들의 기준에 맞는 또 다른 징병검사가 필요해요. 내가 너무 이상적으로 생각하는 것일지 몰라도 비성전환 남성들과 똑같은 기준에서, 똑같은 체육복을 입고, 똑같은 장소에서, 똑같은 시간에 함께 신체검사를 받을 수는 없다고 생각해요. 진정을 내고 몇 달 지나서, 2007년 9월

에 인권위원회에서 권고조치가 내려졌을 때도 뭔가 부족하다고 생각
했어요. 내가 바지를 내려서 수치스러웠다는 것만을 얘기하고자 했
던 것은 아니거든요. 그뿐 아니라 징병검사 자체의 문제점 역시 말하
고 싶었던 거예요. ftm들을 이해하고, 그 사람들의 입장에서 또 다른
징병검사 절차를 만들어 달라는 거죠.

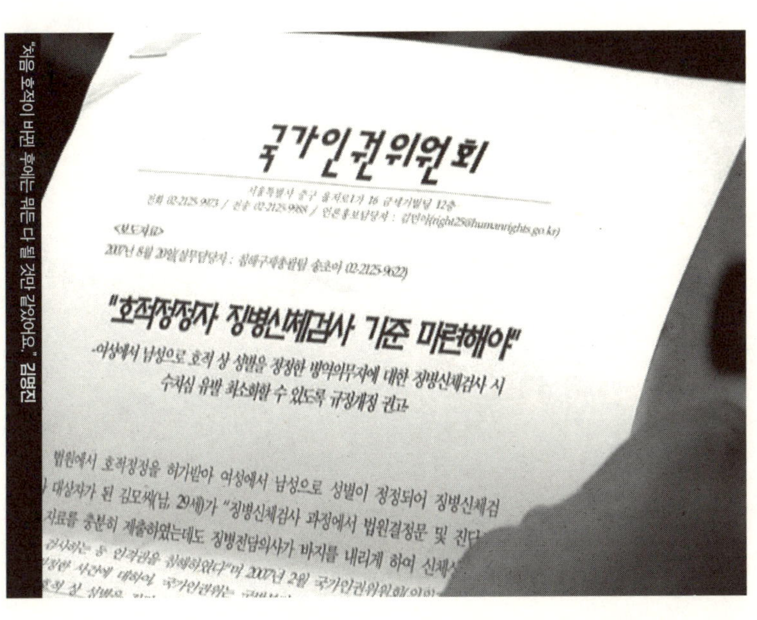

f
t
m
female to male,
transgender and trans-
man
1. 다른 남성, FTM으로서 살아가기
2. 소통의 시작을 위해
04
FTM으로서의 삶

다른 남성,
FTM으로서
살아가기

<u>한무지</u> ftm으로서의 나를 인정하기까지, 그 경험을 소중히 여기기까지 굉장히 많은 시간이 걸렸어요. 부정하려고, 어떻게든 잊어버리려고 애쓰던 시간들이 상당히 길었죠. 불과 1, 2년 정도, 그 시간 동안 난 많이 성장했다고 생각해요. 예전에 내가 썼던 글들을 보면 어떻게 그런 시간들을 버텨 왔는지, 심지어 대견하기까지 해요. 내가 조금은 더 나아졌구나 싶고. 예전에는 내가 ftm이라는 사실을, 내 과거 경험이라든가 ftm으로서의 경험을 말하기가 힘들었어요. 그냥 이제 좀 편하게 살면 안 될까, 지금까지 죽어라 고생하고 살았는데 평범하게까지는 바라지 않더라도 그냥 좀 평탄하게 살아도 되지 않을까. 내 안에서는 수많은 고민이 있어도 입을 떼기가 쉽지 않았어요. 뭔가 사람들한테 얘기하면 내가 밉보일까, 우울한 사람으로 비춰지진 않을까. 난 항상 웃고, 유쾌하고, 웃기고, 웃어 주고, 편한 사람이 되고 싶으니까. 사실 요즘도 어머니는 그렇게 말씀하세요. 이상한 데 나오지

"혹 이해받지 못하더라도 스스로가 떳떳해질 필요가 있다고 생각해요." 고종우

마라, 인권운동 같은 것 하지 마라, 트랜스젠더와 관련한 일은 아예 하지도 마라, 이왕 이렇게 된 거 네 위치에서 평범하게 살아라, 항상 그렇게 말씀하세요. 엄마 말씀도 맞죠. 내가 뭣 때문에 ftm이라고, 트랜스젠더라고 얘기를 해. 하지만 반대로 그런 부분도 있는 것 같아요. 내가 ftm인 걸 빼놓고는 나를 얘기할 수 없는 부분들이 분명히 있고, 내가 인정받는다 해도 그걸 빼놓고는 온전히 인정받은 것이 아닌 것 같아요. 그건 온전히 내가 아닌 것 같은 느낌이 있는 거죠. 그래서 이제는 ftm으로 살면서 느끼는 나의 기분, 슬픔, 고민, 그런 것들을 조금은 이야기할 수 있을 것 같아요.

김명진 ftm으로 세상을 살면서 아슬아슬하지 않은 순간은 거의 없어요. 집에 들어와 나 혼자 있을 때, 혹은 나를 잘 아는 사람을 만났을 때, 그런 상황을 제외하면 세상과 부딪치는 그 순간부터 살얼음판을 걷는 거나 마찬가지인 것 같아요. 회사에서도 김명진이란 사람을

잘 알지 못하고, 직업학교 동기들도 예전의 나의 모습을 모르는 거고. 나를 만난 그 시점부터, 내가 남자로 살아가던 그 시점부터만 나를 알고, 친해지고, 믿어 주는 거잖아요. 사람들 관계가 그렇잖아요. 친해지다 보면 어느 순간부터는 그 사람의 과거를 알아 가고, 그러면서 조금씩 더 많이 알아 가는 거잖아요. 근데 저는 그렇게 알아 가는 순간들이 조심스러워요. 나는 얘기해야 될 부분과 안 해야 될 부분이 있는 사람이니까. 두 가지의 인생을 살고 있는 것 같아요. 여자의 인생을 26년간 살았고, 과도기의 인생을 또 1, 2년 살았고, 남은 평생은 남자의 일생을 살아야 되고. 이 모든 걸 떠안고 가야 하니까 더 조심스러워요. 남자의 일생에서 여자로 살아온 시기가 있었다는 것을 인정해 주는 사람은 그다지 많지 않잖아요. 그래서 더 조심스럽고, 살얼음판 같고. 하지만 나름대로 그렇게 사는 것도 재미있어요. 인생이 편안하기만 했다면 재미없어서 못 살았을 거예요.

고종우 근데 저 같은 경우에는 마음의 문을 닫게 돼요. 제가 마음을 열고 다른 사람들과 이야기도 하고 그래야 하는데 그게 참 어렵고, 그 어려운 것들을 사실 하고 싶지도 않아요. 사회에 나가서 일을 하거나 할 때, 상대방에게 자꾸 긴장감을 갖게 되거든요. 나를 남자로 보나, 보지 않나, 그런 긴장감. 말로 표현하면 간단한데, 생활 속에서는 매 순간 순간이 긴장의 연속이에요. 물론 나 자신의 문제이기도 하죠. 내 자신에게 스스로 스트레스를 주니까. 내가 그렇게 생각하지 않고 신경 쓰지 않으면 그런 긴장감을 갖지 않을 텐데, 그러질 못하니까. 일종의 사회적 편견 같은 것들에 자꾸 화가 나나 봐요. 사실 저는 우리나라가 성이 명확하게 구분된 사회라 정말 숨이 막혀요. 그래서 이제 이런 부분에 몰두하고 싶지도 않고, 긴장감에서도 벗어나고 싶어요. 더이상 이해받기 위해 애쓰고 싶지 않아요. 남자다워지기 위해서, 남자로 인정받기 위해서 과장되게 애쓰는 부분은 좀 줄이고 제 자신이 만족하는 한에서만 당당하게 남자다워지고, 제가 바라는 대로 남자다워지고 싶어요. 그것이 제가 성숙해지는 길인 것 같고, 성숙한 남자가 되는 길인 것 같아요. 오히려 ftm으로서 비성전환 남성이 지니지 못하는 것들을 지녔으니까. 비성전환 남성들은 강박관념에서 스스로 벗어나지 못하니까. 그런 점들 때문에 안 좋은 모습들을 보여주기도 하잖아요. 근데 ftm은 객관적으로 볼 수 있다고 생각해요. 남성과 여성, 남녀평등, 그런 것들을 볼 수 있으니까. 실제로 제 또래 ftm들도 남녀평등에 대한 생각을 많이들 갖고 있고, 사회생활에서 여자를 하대하거나 하는 것에 분노하고, 같이 TV를 보다가도 여자 때리는 장면이라든가 그런 걸 보면 화내고, 마치 여성 입장에서. 그런 게 많아요. 그런 측면들이 오히려 ftm 남성이기에 가질 수 있는 성숙함이라고 생각해요. 남성다움에 대한 강박관념에서 벗어나야 성숙한 모습을 보여 줄 수 있다고 생각해요. 그러기 위해서 노력해야죠.

김명진 솔직히 말하면, 나는 여자도 맞고 남자도 맞고 좀 중간도 맞는 거 같고. 딱 선을 그어서, 딱 하나로 표현될 수 없는 사람인 거 같아요. 사실 저는 남자에 대한 자기욕망 같은 것은 없어요. 내가 지금 상황에서 사회엘 나가면 어느 누구도 저를 여자라고 생각하지는 않겠죠. 누구나 다 당연히 남자라고 생각하겠죠. 하지만 저 스스로는 아직까지 저를 남자라고 소개하는 것이, 일반 남자로 혹은 대한민국 남자로 소개하는 것이 뭔가 좀 입이 안 떨어져요. 성별변경을 했으니 주민번호상으로는 '남자'가 맞죠. 남자처럼 살아가고, 현재 남자로 인정받으면서 사회생활도 하고. 하지만 그게 만족스럽다거나 적당하다고는 생각하지 않아요. 제가 ftm으로 살아가는 것이, 가슴수술을 한 것도 그렇고 호적상의 성별을 바꾼 것도 그렇고, 점점 더 남자한테 맞춰 가고 있잖아요. 솔직히, 제 입장에선 맞춰 가고 있는 거잖아요. 근데 남자로서 맞춰져 가고 있지만, 이게 잘하는 거라곤 생각하지 않아요. 옳다고도 생각하지 않고요. 그냥 살아가기 위해서, 세상이 그렇게 하라고, 하라고, 무언의 압력을 주기 때문에, 그리고 그럴 수밖에 없는 어떤 압박이 있기 때문에 그렇게 할 뿐인 거죠. 제가 정말 남자가 되고 싶어서, 남자가 꿈이라서 그렇게 변하고 있는 건 아니에요. 저는 단지 사람답게 살고 싶은 사람일 뿐이에요. '사람답게' 라는 말이 '남자답게' 를 의미하는 것이 아니에요. 나한테 편안한, 내가 편안하게 살 수 있는 그런 삶을 얘기하는 거죠. 물론 겉으로 보이는 외양만을 본다면 '여성스럽게' 보다는 '남성스럽게' 가 맞겠죠. 근데 사람이 산다는 게 외향적인 부분으로만 사는 건 아니잖아요. 남자처럼 편하게 터덜터덜 걸으면서, 남자처럼 편하게 반바지에 티셔츠 하나를 입고 활개 치면서, 밥을 많이 먹으면서 그렇게 편하게 살고 싶은 건 맞는데, 십자수를 하고, 집안을 깨끗이 치우고, 다림질을 꼼꼼하게 하면서 살고 싶은 것도 맞거든요. 그냥 복합적인 거예요. 여자이면서도 남자처럼 행동할 수도 있고, 남자이면서도 여자의 감성을 지닐 수 있는 자연스러운 사람으로 살았으면 좋겠는 거죠. 사실 만약에 이런 것들이 가능한 사회였다면, '넌 레즈비언이어서 혹은 게이여서 이상한 사람이야' 라는 편견들이 없는 사회였다면, 저도 이렇게 갈등하고 고민하면서 살 필요는 없었을 거예요.

한무지 저는 최근 들어서 ftm으로 살아간다는 것에 새로운 고민이 생겼어요. 수술을 했기 때문에 내가 자연스러워졌고 자유로워졌고, 일종의 긴장으로부터 벗어나니까 새롭게 고민이 생기는 거예요. 수술 후의 내 삶이라는 게 너무 많이 변했으니까. 일단 취직도 했고, 직장에서 모두들 나를 남자로 대하고. 그들의 태도나 행동, 그 모든 것들이 나를 일반 남성 대하듯이 대하고. 더구나 예전에 직업학교 다닐 때에는 가슴수술을 하지 않았기 때문에 나를 그냥 남성으로 대하는 사람들 사이에서도 계속 부대꼈단 말이죠. 긴장감이 계속 있었어요. 근데 긴장감을 갖게 하는 가장 큰 부분이 해소되니까, 더이상 긴장할 것도 없고 조심스러울 것도 없어요. 그렇게 비성전환 남성의 육체에 가까워질수록, 내가 ftm이라는 사실을 자꾸 잊어버려요. 사람들이 나를 남성으로 대하는 것이 자연스럽고, 그런 공간에서 그렇게 어울리는 내가 자연스럽고. 내가 그런 긴장을 가졌던 때가 언젠가 싶게 아득해지기도 해요. 이런 상황이 만족스럽기도 하고요. 거기에는 일종의 보상심리 같은 것도 있어요. 여하튼 내가 열심히 노력해서 이뤄 낸 거고, 직장도 다닐 수 있게 된 거고. 그래서 만족스럽고 기쁘고. 하지만 한편에선 그렇게 ftm이라는 나의 정체성이 자꾸 희미해질수록 뭔가 그걸 놓치고 싶지 않은 마음도 드는 거예요. ftm이라는 정체성을 지니면서 내가 겪었던 것들, 혹은 겪어야만 했던 것들, 상처받은 것들, 기뻤던 것들. 그런 과거의 나를 잃어버리는 것이 상실감으로 다가와서 잃어버리면 안 될 것 같은 느낌이 들기도 해요. 내가 살아가면서 그런 경험들 때문에 힘을 얻기도 했고, '그때는 그렇게 힘들었었지. 지금 이 정도는 해낼 수 있어' 하는 그런 마음도 있었으니까. 그때 그렇게 긴장하면서 열심히 살았던, 치열하고 열정적이고 언제나 최선의 노력을 다하려 했던, 나를 잃어버리는 것 같아서 불안하기도 한 거죠. 그래서 내가 ftm이라는 사실을 놓치면 안 될 것 같은 생각도 들어요.

김명진　ftm으로 살면서 정말 많은 어려움이 있었죠. 하지만 저는 여자보다는 남자로 살아가는 게 더 편하다고 느낌표 50개 칠게요. 단, 대한민국에서 산다는 전제조건하에. 제 경험에서 보면, 대한민국에선 남자로 살아도 불편하고, 여자로 살아도 불편해요. 하지만 여자로 사는 것보다 남자로 사는 게 50배는 더 편한 거 같아요.

　어떤 분이 저한테, "대한민국에서 남자로 살아간다는 건 책임감이 배로 느는 거다. 남자는 많은 책임감을 어깨에 짊어지고 살아가야 된다. 근데 그걸 감수하면서도 남자로 살아가고 싶으냐?"라고 얘길 했던 적이 있어요. 하지만 저는 이렇게 생각해요. 그 어깨에 짊어져야 할 책임감은 물론 무겁겠지만, 그것보다 훨씬 편한 삶이 주어진다고. 대한민국의 남자는 뭐든 안 되는 게 없잖아요. 되게 웃긴 건, 제가 여자였을 때 밥을 많이 먹고 싶어도 못 먹었어요. 사람들이 "여자가 그렇게 많이 먹어?"라고 핀잔을 주니까. 근데 남자가 되고 나서 한 그릇 먹으면, "아니, 남자가 그것밖에 안 먹어?" 하면서 한 그릇을 더 밀어 줘요. 그런 사소한 것에서부터 남자로 사는 것이 잃는 것보다 얻는 게 더 많은 거 같아요. 여자로 27년을 산 것보다 남자로 2년을 살았던 것이 훨씬 더 편했고. 그로 인해 윤택한 삶을 얻었죠.

　하지만 좀 서글플 때도 있어요. 회사문제나 군대문제를 겪으면서, 내 생각과는 너무 다른 길인 것 같다는 생각도 들었어요. 나는 그냥 태어난 그대로 편하게, 자유롭게 살고 싶을 뿐인 건데. 이거는 돈도 들어가야 하고, 부담감도 안아야 하고, 위험성도 크고. 특히 사회에 너무 맞춰지는 거잖아요. 내가 바라는 내 뜻대로의 인생이 아니라, 사회가 만들어 내는 나인 것 같아서 행복하지만은 않아요. 서글픔이 더 많은 것 같아요. 성별변경 됐다고 연락 왔을 때도 그랬고, 신검문제와 관련해서 인권위원회에서 권고안이 내려졌을 때도 그랬고. 성별변경 됐다고 연락 왔을 때, 행복하다는 생각보다는 서글프다는 생각이 더 많이 들었어요. 내가 이 한마디 때문에, 내 인생을 모두 버리고 그토록 피 말리는 싸움을 한 건가. 그냥 태어난 그대로 사회에 섞여서 편하게 살 수 있었다면 좋았을 텐데. 세상에는 이런 사람도 저런 사람도 있는 건데. 평범하게 내가 가진 그대로, 내가 살고 싶은 대로 살 순 없었을까. 그런 생각을 큰 산 하나 하나를 넘을 때마다 하는 것 같아요. 숫자 하나 때문에, 주어진 것 하나 때문에, 성별이라는 것 그 자체 하나 때문에, 사회에서 소수자가 되어야 하는 건 너무 억울하잖아요. 남과 다른 사람이 되고, 특별한 사람이 되고, 특이한 사람이 되고, 그런 건 너무 억울해요. 내가 살고 싶은 대로 살아도 남한테 해가 되지 않는다면, 내가 행복하게 그렇게 살 수 있는 자유가 있어야 되는 게 아닐까요? 남에게 해를 끼치는 일도 아닌데, 그냥 나 그대로, 내가 살아왔던 것 그대로, 사회의 차별을 받지 않고 그렇게 편안하게 살아도 되지 않았을까요?

소통의 시작을 위해

Q 마지막으로 독자들에게 하고 싶은 이야기 혹은 당부하고 싶은 말이 있으신가요?

한무지 ftm이기 때문만은 아니겠지만 철저한 고립감을 느낄 때가 있어요. 군중 속의 광대라고 해야 되나. 이렇게 많은 사람들이 있는데, 여기에 내가 하나 딱 껴 있는 거야. 생긴 것도 다르고, 뭔가가 달라. 내 고민을 말할 곳도 없고, 상의할 곳도 없고, 의논할 곳도 없고. 끊임없이 혼자서 고민하고 결정 내리고, 혼자 부대끼고. 그런 것들에 익숙해지다 보니까 주변에 터놓고 이야기할 사람이 생겨도 그걸 어떻게 이야기해야 되는 건지, 어떤 방식으로 풀어야 되는 건지, 소통의 방법을 모르겠더라고요. 난 지금도 내 얘길 잘 못하겠어요. 그럼에도 불구하고, 여기서 제가 저의 고민과 이야기를 드러냄으로써 기대하고 있는 것 중 하나는, ftm들이 어떤 지점들에서 부대끼며 살아왔겠구나 하는 것을 보여 줄 수 있지 않을까 하는 점이에요. 그 경계에서 지속적으로 부대껴 왔던 것들. 내가 끊임없이 얘기하잖아요. 내 외모가 어떻게 보일지, 어떻게 인식될지, 너무 고민하고 신경을 쓰고 있다고. 나는 내가 작다는 것도 콤플렉스고, 소위 여성적으로 보이는 것들에 대해서도 지속적으로 스트레스를 받고 있다고 많이 얘기했잖아요. 그런 이야기들을 통해서, 내가 혹은 다른 ftm들이 지니는 부대낌과 민감해하는 부분들을 이해하고 배려해 줄 수 있는 계기가 되었으면 좋겠어요. 그리고 그러한 최소한의 배려 속에서 대화를 시작해 주었으면 해요. 사실 내 이야기가 이렇게 공개되는 뭔가에 담기는 건 정말 미친 짓인 것 같아요. 그게 단지 미쳐 볼 만하다, 미쳐 볼 만한 가치가, 의미가 있다, 그렇게 생각할 뿐이에요. 사실 나를 드러낼 필요가 없잖아요. 그냥 편하게 살면 돼. 더군다나 나는 지금 직장도 다니고 있고, 가족들에게도 인정을 받고 있고. 하지만 필요하다고 생각해요. 내 이야기를 통해서, ftm들에 대한 이해가 가능해졌으면 좋겠고, 그런 이해 속에서 같이 이야기하고 소통했으면 하는 거죠.

김명진 이 작업을 통해 정말 얘기하고 싶은 것은, 성전환자의 한 사람으로서 나를 다른 사람이 더럽게 보지 않았으면 하는 거였어요. 나를 통해서 성전환자는 더러운 사람이 아니라는 걸 보여 주고 싶었어요. 저의 어머니도 진심으로 그렇게 얘기하세요. 더럽다고. 성전환자는 더럽다고. 근데 왜 그렇게 더럽게 살려고 하냐고. 그럼 전 거기다 대고 성질을 내면서 대못을 박는 것처럼 반문을 하죠. 어떤 게 더러운 건데? 내가 사람을 죽였어? 내가 남의 것을 훔쳤나? 뭐가 더러운 건데? 제 생각에는 사회의 다른 사람들도 비슷하게 생각할 수 있을 것 같아요. 어느 누구든 모르는 사람들 앞에 저를 세워 놓으면 그냥 남자로 생각하고 무심하게 지나치겠지만, 만약에 제 앞에 '성전환자'라는 푯말을 붙여 놓으면 어떤 사람들은 저한테 돌 하나를 던질 수도 있고, 어떤 사람들은 손가락질을 할 테고, 아마도 많은 사람들이 더럽다며 손가락질을 하고 이상한 눈빛을 던지면서 지나가겠죠. 그런 사람들에게 그렇지 않다는 걸 얘기해 주고 싶었어요. 나도 똑같은 사람이고, 그 사람들과 다르지 않다는 것을 보여 주고 싶었어요.

한무지 사람들은 여전히 트랜스젠더, ftm에 대해서 많이 낯설어하고 당혹스러워하죠. 그래서 전 이 작업을 통해서 ftm에 대해서 사람들이 좀더 많이 알았으면 좋겠다, 낯설어하지 않았으면 좋겠다, 그런 바람이 있어요. 다른 사람들에게 있어 내가 당혹스러운 존재라는 것이 상당히 불쾌하잖아요. 사람들은 별 생각 없이 하는 말인데, 가끔씩 상처가 되는 말이 있어요. "정말 특이하고 이상할 줄 알았는데, 만나 보니 다 똑같은 사람이네요", 종종 그런 얘기들을 많이 해요. 똑같이 밥 먹고 살고, 화장실 가고, 자기가 하고 싶고 좋은 것들하면서 똑같이 사는 사람인데 그렇게 낯선 존재로 본다는 것이 굉장히 불쾌한 일이잖아요. 단지 다른 경험을 가지고 있을 뿐이지, 뭔가 특출하거나 이상하거나 엄청나게 다른 삶을 살거나, 그런 건 아닌 것 같아요. 그래서 일단 좀 기본적으로 저런 사람들도 있구나, 그 정도만 알아도 좋겠다 싶은 거죠. 아직도 많이들 그렇게 얘기하잖아요. "ftm이 가능한 건가? 그게 가능하긴 한 건가?" 일단 가능하니까 좀 알고 얘기하자, 그 정도는 사전지식으로 가지고 있어라, 일종의 그런 억한 심정이라면 억한 심정이고 바람이라면 바람이고.

김명진 예컨대 제가 ftm으로 살면서 기분이 언짢았던 질문은 어떻게 보면 굉장히 단순한 질문이었어요. "왜 남자로 바꾸려고 하세요?" 그 질문의 맥락이 뭐였냐면, 한국 남자들은 책임져야 할 것도 많고 힘든 일도 많은데 왜 굳이 남자가 되려고 하느냐, 여자면 편하지 않느냐는 질문이었어요. 그 질문이 가장 듣기 싫은 질문이었어요. 근데 바로 이 작업이 그 질문을 던지기 위해 시작된 거잖아요. 그 질문에 대해 3명의 주인공들은 다 다른 대답을 할 거고, 그 질문에 대해서 다른 사람들 누구나 다 저 사람들은 어떻게 대답을 할까 궁금해질 거고, 자기 나름대로의 답을 찾을 거고. 성전환자들의 인생이 장난은 아니거든요. 자기가 사는 인생에 대한 자기에 대한 책임감이 특별하게 많은 사람들이고, 자기 인생에 대한 갈등과 어려움과 고민과 곤란함이 상당히 많은 사람들이거든요. 그 어려움을 알면서도, 그런 어려움에 맞서 싸울 수 있는 용기를 가진 사람들이 성전환을 하려고 준비를 하고 있고, 성전환을 해서 살아가고 있는 그런 사람들이라고 생각해요. 그 사람들에게, 만약에 mtf에게 "당신은 여자가 돼서 책임감이 없어져 좋겠습니다", 그렇게 얘길 한다면 돌에 맞아 죽을지도 몰라요. 그 사람들은 그 사람들 나름대로의 삶의 무게가 있고, ftm도 ftm 나름대로의 책임감과 어깨에 짊어지고 가야 할 삶의 무게가 존재해요. 여자에서 남자가 되든, 남자에서 여자가 되든 삶의 무게가 적어지고 줄어드는 건 아니라고 생각해요. 제 생각은 그래요.

고종우 사실 전 이런 얘기를 하기 싫어요. 왜냐면 사람들에게 약간의 환상을 주고 싶어요. 내가 예전엔 여자였고 이러저러한 과정을 거쳐서 남자가 됐다고 말하는 건, 이런 건 왠지 밝히기가 싫어요. 그러면 제 존재가 탄로 나는 것 같고. 저희들은 뭐든지 인위적이잖아요. 자연스러운 것이 없잖아요. 마치 성형수술 하듯이. 그런 부분들을 남들한테 이해받지 못하니까 자꾸 감추고 싶은 거예요. 저희들에게는 너무나 필요한 행동들인데, 남들이 이해하지 못하니까. 남들 눈에는 미친 짓처럼 보여도 저희들은 하지 않을 수 없는 행동들이 있거든요. 그래서 그런 과정들은 신비에 싸여서 신비주의로 가고 싶어요. 하지만 그게 분명히 좋은 방법은 아니죠. 이렇게 신비주의로 가면 안 된다고도 생각해요. 이런 부분들에 대해서 밝혀 나가고 이해받아야 되고, 혹 이해받지 못하더라도 스스로가 떳떳해질 필요가 있다고 생각해요. 근데 이렇게 다 나가 버리면 신비주의도 끝난 거죠, 뭐. 오히려 확인하려 들진 않을까 몰라요.

김명진　이번 작업을 통해서 사람들이 저를 알아볼 수도 있겠죠. 지나다가 성전환자 누구시죠, 그럴 수도 있겠죠. 물론 회사 사람들하고, 혹은 내가 ftm인 것을 모르는 친구들하고 같이 있을 때 그러면 정말 당황스러울 것 같아요. 하지만 사람이 사람답게, 사람이 자기가 살고 싶은 대로 살 수 있는 사회가 된다면, 모든 사람들이 이해해 줄 수 있는 사회가 된다면, 누군가 와서 그렇게 인사를 하지 않아도 그냥 자연스럽게 어울릴 수 있는 사회가 되지 않을까요. ftm을 그렇게 특별하고 이상한 사람으로 생각하는 것이 아니라, 내 친구나 주위 사람들처럼 그렇게 자연스럽게 생각할 수 있으면 좋겠어요. 내 주위 사람들이 성전환자일 수도 있고, 내 친구가 성전환자일 수도 있고. 그런 사회가 된다면 저도 그런 인사를 받을 필요는 없을 것 아니에요. 그랬으면 좋겠어요.

한무지　사실 나를 ftm으로 알아보는 것 자체가 문제가 되는 건 아닌 것 같아요. 어떻게 알아보느냐가 중요한 문제죠. 사실 얼마나 무서워요. 평생 내가 ftm이라는 사실을 들키진 않을까, 내가 혹시 여자로 보이진 않을까, 그 불안과 긴장을 일평생 안고 살아왔는데. 그렇게 숨기고 싶었고, 그렇게 조심스럽게 살아왔는데. 근데 내가 ftm이라는 사실뿐만 아니라, 그런 나의 세세한 부분들을 모두 드러낸다는 것이, 나의 모든 모습들을 드러낸다는 것이, 너무 격하게 표현하는 건지도 모르겠지만 왠지 명동거리 한복판에서 발가벗고 있는 것 같은 느낌이 들기도 해요. 2차성징이 시작되면서 가슴이 나왔고, 그 가슴이 너무 싫었고, 이런 얘기들은 굉장히 민감한 문제거든요. 어느 누가 그런 얘기를 하고 싶겠어요. 더구나 나 같은 경우에는 수술도 했고, 더 이상 회상하고 싶지도 않고, 기억하고 싶지도 않고, 원래 없었던 것처럼, 심지어 지금은 원래 없었던 것처럼 생각이 드니까. 근데 그런 것들을 계속 끄집어내고 있는 거잖아요. 심지어 나조차도 보고 싶지 않은 내 부분들을 용기를 내서 보여 주고 있는 거죠. 사실 걱정되고 많이 부대껴요. 사람들이 나를 알아보진 않을까, 혹시 회사 사람들이 나라는 걸 알면 어쩌지, 언론에 잘못 노출되지는 않을까. 그런 모든 부분들에서 사실 압박감이 느껴질 수밖에 없는 것 같아요. 내가 아무리 당당해지고 싶고, 당당할 수 있다고 얘기를 한들, 실질적으로 그렇게 고민되고 부대끼는 것들은 무시하기 힘들어요. 정말 용기 있는 거라고 생각해요. 예전에는 엄두도 내지 못했을 것들이죠. 그런 용기를, 진심을 알아주면 좋겠어요.

고종우 저는 일단은 어렵게 생각하지 않았으면 해요. ftm에 대해 너무 어렵게 생각하지 않았으면 좋겠어요. 그것은 나의 존재에 관한 부분이고, 또 남들에게 피해를 주는 부분은 아니니까, 일단은 이해를 하고자 하는 방향으로 매듭을 풀어 나갔으면 하는 바람을 가지고 있습니다. 그 부분을 제외하면 별다른 건 없고, 대단한 건 없습니다. 그 부분 하나 때문에 갑갑하고, 골치가 아프고 그런 거니까. 고민이 거기서부터 시작되는 것이 아닌가 싶고. 사실 이해받을 수 없거든요. 이해할 수도 없고. 하지만 이해할 수 없다고 부정해 버리지 말고, 그렇게 사는구나, 이해하도록 노력하고. 혹시 주변에 자기 형제나 직장에 ftm들이 있으면, 혹시 자기 친구가 ftm이라면 스스로를 긍정하면서 살아가라, 위로도 해주고. 그렇게 살아갈 수 있는 분위기도 만들어 주고. 그렇게 했으면 좋겠습니다.

김명진 사실 사람마다 다르잖아요. 판으로 찍어 놓을 수 있는 것이 아니잖아요. 사람마다 다른 인생을 살아가고, 그런 인생에는 각자의 다른 이유가 있는 거고, 자신의 이유에 맞춰 각자 다르게 변화하고, 저도 내가 원하는 삶에 맞춰 변화하려는 사람인 거고. 제가 비록 조금 다른 삶과 다른 변화를 겪고 있지만, '사람'이라는 전제는 똑같은 거잖아요. 근데 왜 보통 사람들, 소위 말하는 일반적인 사람들은 나를 똑같은 사람으로 보지 않는지 모르겠어요. 사람들은 모두 천차만별이잖아요. 그런 사람들 중에 나 같은 사람도 있는 거고, 다른 사람들도 있는 거고. 그런데 왜 그렇게 모두 어울릴 수 없는지 모르겠어요. 있는 그대로, 자기 방식에 꿰맞춰 이해하기보다는 그냥 그 사람의 입장에서 이해해 주었으면 좋겠어요. 자기 방식대로 남자와 여자만 사랑할 수 있고, 남자랑 여자만 결혼할 수 있고 혹은 ftm은 여자만 좋아하고, mtf는 남자만 좋아하고, 그런 틀에 박힌 생각 말고 그냥 있는 그대로 다양한 사람들을 이해해 주었으면 좋겠어요. 이 사람 저 사람, 이런 생각 저런 생각, 수천수만의 사람들이 있는 거잖아요. 모두 생각과 성격이 똑같은 것이 아니잖아요. 공장에서 찍어 내듯이 모두 똑같을 수는 없는 거니까. 물론 궁금해하거나 물어볼 수는 있다고 생각해요. 하지만 조심스럽게 질문해야 하고, 그 사람을 바꾸려고 혹은 그 사람을 욕하려고 하지는 않았으면 해요.

한무지 마지막으로 그런 생각이 드는데, 3명의 ftm 이야기를 알기 때문에 ftm에 대해서 일종의 이미지화가 되는 것이 있을까봐 걱정돼요. 자칫하면 ftm들은 다 저렇겠구나 하고 생각할까봐. 행여나 다른 ftm들이 무언가 정형화된 이미지 때문에 상처받거나 혹은 상대방이 실수하는 상황이 만들어지지 않았으면 좋겠어요. 왜냐하면 내가 나의 이야기를 할 수 있고, 또 그것이 받아들여질 수 있는 것은 내가 지금 남성으로 통할 수 있기 때문이라는 생각이 들더라고요. 근데 호르몬을 해야지만, 수술을 해야지만 그 정체성을 스스로 인정하거나 혹은 인정받을 수 있는 것은 아니잖아요. 호르몬이나 수술이 전부인 것도 아니고, 사람마다 욕망이나 욕구가 다를 수도 있고, 또 스스로를 정체화하는 방식이 다를 수도 있고. 실제로 호르몬이나 수술이 너무 하고 싶은데 경제적인 상황이나 주변상황, 가족문제 때문에 못하는 사람도 많고, 또 호르몬이나 수술에 대한 욕망이 없는 사람들도 있어요. 굉장히 다양한 사람들이 있고 다양하게 살아가고 있고. 근데 그 많은 ftm들을 하나로 묶어서 생각하는 건 굉장히 위험한 일이라고 생각해요. 3명만 봐도 너무 다르잖아요. 너무 다르게 살아왔고, 살아가고. 그냥 비슷한 경험을 했을 뿐이지 그 경험을 말하는 방식도 모두 다르고, 받아들이는 방식도 다르고. ftm을 하나로 묶지 않았으면 좋겠어요. 그리고 그 모든 다양한 ftm들이 자기 정체성을 인정해 달라고 요구하는 것이 충분히 존중받았으면 좋겠어요.

APPENDIX

1. 용어 설명
2. 다큐멘터리 「3×FTM」을 제작하며…

용어 설명

트랜스젠더 transgender , mtf male-to-female /ftm female-to-male , 간성 intersex , 레즈비언 lesbian

1. 트랜스젠더/트랜스섹슈얼/성전환자 : 미국에서 출간한 트랜스젠더/트랜스섹슈얼과 관련한 논문이나 책을 보면, 이 두 용어를 설명하는 방식은 대체로 다음과 같다. 트랜스섹슈얼transsexual은 호르몬투여와 수술을 통해 자신의 몸육체적인 성을 스스로 인지하는 젠더정신적인 성와 '일치'하는 형태로 바꾸는 이들을 일컫는다. 이에 반해 트랜스젠더는 자신이 살고 있는 사회가 요구하는 성별규범과 이성애주의에 부합하지 않는 젠더표현을 하는 이들 모두를 일컫는다. 그래서 트랜스젠더의 범주에 트랜스섹슈얼, 크로스드레서crossdresser, 드랙drag, 간성을 포함하고, 이 용어를 사용하는 사람에 따라선 동성애자와 양성애자도 트랜스젠더의 범주로 설명하곤 한다.

그러나 이런 식의 설명은 한국에서 사용하고 있는 트랜스젠더의 의미와는 상당한 차이가 있다. 이는 미국에서 사용하는 트랜스젠더의 의미와 한국에서 사용하는 의미가 다르기 때문이다. 한국 커뮤니티의 맥락에서 트랜스젠더는 자신이 인지하는 성과 주민등록번호를 통해 부여받은 성이 일치하지 않는 이들 모두를 일컫는데, 이때 수술을 하고자 하는가의 여부는 중요하지 않다. 수술이나 호르몬투여를 하는 이들도 있고 하지 않는 이들도 있는데, 트랜스젠더는 이들 모두를 아우른다. 즉, 트랜스젠더는 스스로 인지하는 자신의 성이 주민등록번호상의 성과 같지 않은 이들을 의미한다. 그래서 크로스드레서CD는 트랜스젠더와는 다른 범주로 얘기한다(크로스드레서는 통상적으로 얘기하는 이성복장착용자를 의미한다).

1930년대 신문기사를 보면 성전환수술과 관련한 내용이 등장한다. 이를 통해 알 수 있듯 성전환자란 용어는 상당히 오래되었다. 하지만 이 용어는 주로 의료계와 법학에서 사용하는 용어로, 어느 정도 병리적인 의미를 담고 있다. 아울러 1990년대엔 성전환자라는 말이 트랜스젠더를 비하하는 의미로 사용되기도 했다. 현재 트랜스젠더 커뮤니티에서는 성전환자란 용어는 거의 사용하지 않는 경향이 있고 트랜스젠더라는 용어를 더 자주 사용하는 편이다. 다만 최근 들어 이 용어를 운동의 차원에서 적극적으로 사용하고자 하는 이들도 일부 있어, 향후 용어의 지형도가 어떻게 변할지는 불확실하다.

 통상적으로 mtf/트랜스여성은 "남성에서 여성으로"male-to-female 성전환을 하는 이들을 의미하고, ftm/트랜스남성은 "여성에서 남성으로"female-to-male 성전환을 하는 이들을 의미한다. 얼핏 그게 그거인 거 같지만, 각각의 용어들은 사용하는 맥락에 따라 의미가 상당히 다르다. 트랜스여성/트랜스남성의 경우, 트랜스(젠더)인 여성/남성이란 의미로, 어느 정도 여성/남성에 방점을 찍는 경향이 있다. 트랜스젠더인 상황을 드러내면서도 여성/남성이라는 상황을 좀더 부각하려는 의도이다.

MTF/FTM은 통상 male-to-female남성에서 여성으로/female-to-male여성에서 남성으로의 축약형으로 사용하는 경향이 있다. 대문자 MTF/FTM은 소문자 mtf/ftm과 함께, m과 f/f와 m의 역사를 모두 드러내는 효과가 있다. 하지만 트랜스여성의 경우 자신은 남성이었던 적이 없다는 의미로, 트랜스남성의 경우 자신은 여성이었던 적이 없다는 의미로, MTF/FTM의 사용을 싫어하거나 비판하는 경우도 상당하다.

소문자 mtf/ftm은, 젠더이분법으로 완고하다고 불리는 사회에서 m과 f/f와 m의 역사와 상황을 동시에 드러내고 이야기하겠다는 의도를 담고 있다. 아울러 mtf/ftm을 사용하는 건 male-to-female/female-to-male의 축약형이 아니라 그 자체로서 고유어라는 의도이기도 하다. 즉 "나는 mtf다"라고 말하는 것은, 단순히 "나는 남성에서 여성으로 성전환한(할 예정인) 트랜스젠더이다"란 의미가 아니다. 태어날 때 젠더분류체계에 의해 "1번"으로 분류되어 살아온 역사가 있지만 나 자신을 주민등록번호 "1번"과 동일시하지 않는다는 주장이다. 그렇다고 반드시 "2번"에 포섭되거나 "2번"이라고 주장하는 것은 아니다. 젠더이분법이 확고하여 "여성" 아니면 "남성"의 양자택일을 요구하는 사회에서 이런 양자택일로는 나를 설명할 수는 없다는 의미이다. 행여 내가 트랜스여성이라고 얘기할 때에도, 나를 "태어날 때부터 2번으로 자란 사람"으로 대하는 건 상당히 곤란하다는 주장이기도 하다. 내가 mtf라면 남중/남고를, ftm이라면 여중/여고를 다닌 경험이 있을 수 있는데, 마치 태어날 때부터 "2번"이나 "1번"이었던 것처럼 대한다면 이런 역사들이 모두 지워지기 때문이다.

단, 이런 해석을 모두에게 동일하게 적용할 수 있는 것은 결코 아니다. 오히려 '나는 이런 의미로 해석하고 사용한다'는 의미에 가깝다. 내가 mtf/ftm이란 용어를 사용하는 것으로 주장하고자 하는 의미를, 다른 누군가는 MTF/FTM을 통해, 트랜스여성/트랜스남성을 통해 주장하기 때문이다. 아울러 "나는 여성인데, 성전환수술과 호적상의 성별변경을 경험한 여성이다"란 의미로 mtf를 사용할 수도 있다.

여성 성전환자는 mtf/트랜스여성의 여성을 단순히 앞에 배치한 의미가 아니다. 여성 성전환자는 태어날 때 "여성"(정확하게는 주민등록번호 2번/4번)으로 할당받은 성전환자를 의미한다. 즉, 여성 성전환자는 ftm/트랜스남성을, 남성 성전환자는 mtf/트랜스여성을 의미한다.

다른 한편, ftm 커뮤니티의 경우, 다른 용어보다는 ftm이란 용어를 주로 사용하는 경향이 있다. 이때 ftm은 female-to-male의 축약어란 의미보다는, '다른(경험이 있는) 남성'을 의미한다. 즉, 태어났을 때 주민등록번호 2번/4번을 할당받고, 이에 따른 방식으로 자란 경험이 있지만, 자신은 여성이 아니라고 얘기하거나, 자신은 태어날 때부터 남성이라고 얘기하는 이들을 의미한다. ftm이란 용어를 빈번하게 사용하는 이들 중엔, 이 말이 female-to-male의 축약어인 걸 전혀 모르는 이들도 있다는 점에서 ftm이 축약어란 의미라기보다는 그 자체로 하나의 용어/은어라고 이해할 수 있다.

3. 간성intersex : 간성혹은 양성구유, 어지자지, 남녀추니, 반음양, 사방지 등으로도 알려진이란 말을 들어 본 사람들이라면, 한 개인이 "남성과 여성의 성적 기관과 특질을 모두 지니고 있는" 이미지를 떠올릴지도 모른다. 물론 이런 이미지가 아주 잘못된 건 아니지만, 이는 간성을 상당히 제한적으로 이해한 것이다.

한 개인의 몸에 고환정소과 난소가 모두 있고, 2차성징을 거치며 '여성적 특질'과 '남성적 특질'을 모두 지니는 이들은, 의학적으로 진성 양성구유true hermaphrodite라고 부른다. 하지만 진성 양성구유는 간성 인구 중 소수이다(간성 인구 중 4% 정도라는 말도 있다). 두 개의 난소와 XX 염색체를 지녔지만 "남성적 외부성기 형태"를 지닌 이들, 두 개의 정소와 XY 염색체를 지녔지만 "여성적 외부성기 형태"를 지닌 이들도 많다. 결국 '진성'이 소수라는 건, 의학에서 간성을 규정하고 이런 규정에 따라 '참/가짜' true/pseudo를 판별하려는 기획과 의도가 있음을 알려 준다.

사실 한 개인을 간성으로 판정하는 방법은 그리 간단하지 않다. 이는, 태어났을 땐 간성이 아닌 남성 혹은 여성의 성별을 할당받았는데, 20살이 넘어 우연히 유전자 검사를 하고서야 자신이 간성임을 알게 된 이들이 적지 않다는 점을 통해서도 알 수 있다. 아이가 태어났을 때 성별을 판정하는 방법은 외부성기의 형태가 어떠한가에 따른다. 물론 태아의 성별을 판정하는 방법은 여러 가지가 있을 수 있다. 하지만 외부성기의 형태가 페니스인 것 같으면 "남성", 페니스가 아니고 클리토리스가 있으면 "여성"으로 우선적으로 판정하는 경향이 있다. 문제는 이런 구분의 기준도 애매하다는 것인데, 클리토리스(혹은 페니스)의 길이가 0.9㎝ 이하이면 여성으로, 페니스(혹은 클리토리스)의 길이가 2.5㎝ 이상이면 남성으로 구분하기 때문이다. 그리고 그 사이의 길이면 간성으로 판정한다. 이 말은 0.1~0.2㎝ 정도의 차이로 간성으로 판정받을 수도 있고 그렇지 않을 수도 있음을, 즉 간성과 비-간성을 구분하는 의학 기준이 임의적이라는 걸 의미한다. 간성에 따라선, 태어났을 땐 남자아이로 보여 남성으로 구분했는데 2차성징이 시작하면서 유방이 발달하고 생리를 하는 이들 역시 적지 않다.

만약 아이가 태어났을 때, 간성으로 판정받았다고 해서 그 아이가 "간성"으로 자라는 건 아니다. 외부성기의 형태가 "모호"하여 여성이나 남성으로 판정하기 쉽지 않은 경우, 의사들은 아이가 간성으로 자라면 불행할 것이라 단정하고, 의사 임의로 혹은 부모들을 협박하여 외부성기재구성 수술을 한다. 부모를 설득하는 방법에는 아이가 간성으로 자라면 불행할 것이다, "비정상"으로 놀림 받을 것이다, 건강에 안 좋아 일찍 죽을 것이다, 외부성기재구성수술을 하지 않으면 동성애자가 될 것이다, 등이 있다. 이때 간성의 성별을 결정하는 건 의사의 판단에 따른다. 어느 정도 남성 페니스로 기능을 할 수 있을 것 같은 경우를 제외하면, 거의 대부분 여성의 성기 형태로 수술하고 호적상의 성별을 여성으로 할당한다. 이는 페니스의 크기가 상당히 작은 남성으로 자라면 굉장히 불행할 것이라는 판단, 남성의 고통이 여성의 고통보다 더 중요하다는 판단에 따른 것이기도 하다.

이런 과정에서 발생하는 동성애혐오와 여성혐오뿐 아니라, 간성 개인들이 경험하는 큰 문제는 자신이 스스로 원하는 성별을 선택할 수 없다는 점이다. 의사가 임의로 간성의 행복과 운명을 결정하고 이에 따라 살아갈 것을 강요한다는 점은 심각한 문제이다. 아울러 많은 경우 부모와 의사가 아이에게 간성이라는 사실을 알려 주지 않는다는 점도 문제인데, 모르는 것이 더 행복하다고 여길 수도 있겠지만, 많은 간성들은 관련 정보를 알려 주지 않아서 더 불행하다고 얘기한다.

간성과 관련한 또 다른 이슈는, "간성은 남성과 여성의 성적 기관과 특질을 모두 지니고 태어난다"는 설명에서 발생한다. 이런 식의 설명은, 개인은 '남성'과 '여성'으로 태어나고 아무 문제없이 자라는데, 유독 간성만 문제가 있다는 식의 인상을 줄 수 있기 때문이다. 실제 생물학 교과서에는 간성을 잘못 태어나서 문제가 있는 이들로 다루며 일종의 증후군으로 설명하는 경우가 많다. 간성을 젠더이분법을 강화하기 위한 수단으로 활용하고 있는 문제는, 트랜스젠더 이슈와 만나는 지점이기도 하다. 개인은 꼭 여성과 남성으로 태어나지도 않고, 호적제도가 할당하는 방식의 성별로 자라는 것도 아니다. 그럼에도 오직 "여성"과 "남성"으로만 태어나고 태어난 대로 자랄 것이라는 인식은, 간성과 트랜스젠더 모두가 곤란과 갈등으로 경험하는 지점이다.

4. 레즈비언lesbian, 부치butch, 펨femme : 통상적인 설명 방식에 따르면, 레즈비언은 "여성으로서 여성을 좋아하는 사람" 혹은 "여성 동성애자"를 일컫는다. 즉, 레즈비언 혹은 동성애자는 자신이 사랑하는 사람이 자신과 '같은' 성별인 사람을 의미한다.

부치와 펨은, 레즈비언 커뮤니티에서 가장 많이 사용하는 구분 방법이다. 통상적으로 부치는 남성적인 성격, 남성적인 복장, 능동적인 성적 역할에 편안함을 느끼는 이들을 의미하고, 펨은 여성적인 성격, 여성적인 복장, 수동적인 성적 역할에 편안함을 느끼는 이들을 의미한다. 하지만 이런 구분이 '정체성'을 의미하거나 고정적인 것은 아니다. 이런 식의 구분이, 기존의 이성애-성별이분법을 답습하는 것은 아니며, 남성성-여성성, 능동성-수동성이라는 이항대립을 의미하지도 않는다. 이는 어떤 특성을 설명하기 위한 수사일 뿐, 반드시 이렇게 나뉘는 않는다. 능동적인 성 역할이 불편한 부치가 있고, 여성적인 복장을 즐기지 않는 펨이 있다. 또한 남성성/여성성, 능동성/수동성은 분명하게 구분할 수 있는 것이 아니고, 항상 남성적이고, 항상 여성적이기만 한 것도 아니다. 그렇기에 부치와 펨을 고정적인 의미로 설정하고 분명하게 나눌 수 있다는 인식은 위험하다.

그럼에도 부치가 남성적인 특성을 드러내는 경향이 있다는 점에서 ftm/트랜스남성과 헷갈리거나 오인되는 면이 있다. 이성애자 ftm/트랜스남성의 경우, 자신을 어떻게 설명해야 할지를 고민하는 상황일 때, "남성적인 행동"을 하고 "여성"을 좋아한다는 점에서, 자신이 부치인지 ftm인지 헷갈렸다고 말하는 경우가 있다. 그래서 레즈비언 커뮤니티에 가입하고 활동을 하지만, 이런 과정에서 자신은 부치가 아니라 ftm/트랜스남성임을 깨닫는 경우가 있다. 물론 자신은 처음부터 ftm/트랜스남성이었고 이성애자로서 여성을 좋아했다고 말하는 이들도 있다는 점에서, 모든 이성애자 ftm/트랜스남성들이 부치로서 생활한 경험이 있거나 헷갈림을 경험하는 건 아니다.

호적상의 성별변경 문제

1. 의미: 2006년 6월 22일 대법원은 한 ftm/트랜스남성이 신청한 호적상의 성별변경 신청을 허가했다. 이 사건은 당시 상당한 이슈였고, 이 사건을 계기로 다시 한 번 트랜스젠더의 삶이 언론에 주목을 받았다. 하지만 이런 주목은 트랜스젠더의 삶을 호적상의 성별변경 문제로만 축소하는 효과를 낳기도 했다. 많은 사람들이 트랜스젠더 이슈를 호적상의 성별변경에만 초점을 맞춰 그 외의 다른 생활엔 어려움이 없을 거란 식으로 상상하거나 얘기하곤 했다. 트랜스젠더의 삶을 호적상의 성별변경 이슈로만 얘기하는 건 문제가 있지만, 그렇다고 이 이슈가 중요하지 않다는 건 아니다.

적지 않은 트랜스젠더들이 호적상의 성별을 변경하고자 하고, 이를 위해 원치 않는 수준의 수술을 하기도 한다. 그렇다면 호적상의 성별이 삶의 어떤 부분에서 문제로 작동하는 걸까?

간단하게 설명해서, 호적상의 성별이 표시된 신분증이 일상생활 전반에 걸쳐 영향을 끼치기 때문이다. 핸드폰을 만들 때, 핸드폰의 멤버십 카드를 만들 때, 담배를 사거나 술집에 갈 때, 회사에 취직하려고 할 때, 병원에 갈 때, 보험이라도·들려고 할 때 등등 일상생활의 많은 순간들이 주민등록번호가 기재되어 있는 신분증을 제시할 것을 요구한다. 그런데 만약 호르몬투여를 상당기간 해서 주민등록번호상의 성별과 외형에서 드러나는 성별이 일치하지 않는다면 어떻게 될까? 자신의 신분증이지만 이 신분증은 자신의 신분을 증명해 주지 않는다. 외형에 따른 곤란함만 있는 건 아닌데, 호르몬투여를 하고 목소리 톤을 조절해서 자신이 원하는 성별의 목소리가 나는 트랜스젠더들은 전화로 신분을 확인해야 하는 상황에서 곤란함을 느낀다. 전화를 해서 멤버십카드나 신용카드 등의 기타 업무를 처리하고자 할 때, 주민등록번호를 불러야 하는 경우가 많은데 이때 상담원들이 보여 주는 반응은 "고객님의 신분을 확인할 수 없습니다", "다른 사람의 주민등록번호를 부르지 마세요"와 같다. 회사에 취직할 때도 이력서에 주민등록번호와 사진을 기재하게 되어 있고, 주민등록등본 등을 제출해야 한다. 이와 같이 한국사회에서 생활을 영위하기 위한 거의 모든 순간에 주민등록번호가 기재되어 있는 신분증 제출을 (과도하게) 요구받는다. 하지만 반드시 이런 이유만은 아니다. 주민등록번호상의 성별번호는, 자신이 원하지 않는 방식으로 다른 사람들이 자신의 성별을 해석하는 문제를 일으킨다. 그리하여 가장 원하지 않는 방식의 호칭을 사용하거나 공간을 배정받는 등의 문제가 있다. 이런 이유들로 호적상의 성별변경은 트랜스젠더들에게 중요한 문제이다.

2. 필요한 서류(2007년 기준)와 문제

필요 서류

- 병적증명서 2통(MTF의 경우)
- 정신과의사 진단서
- 수술확인서, 호르몬치료 확인서
- 본인 진정서(경위서)
- 배우자(동거인)의 진정서
- 가족의 진정서
- 친지의 인우보증서
- 수년 전부터 반대의 성으로 살아왔음을 증명할 외모 사진
- 현재의 외모 사진
- 자신이 남성 혹은 여성의 삶을 성공적으로 수행해 내고 있음을 증명할 수 있는 서식들

2006년 9월 6일 대법원은 호적상의 성별변경과 관련한 지침서를 제시한 바 있다. 이 지침서에 따르면 호적상의 성별변경 요건을 mtf와 ftm 구분 없이 성기재구성수술을 다 한 사람들로 제한

하고 있다(mtf와 ftm 간의 수술과 관련해선 다음 항목을 참고). 이 지침서가 나온 이후, 호적상의 성별
변경을 신청한 사람을 100으로 가정하면 mtf가 95, ftm이 5 정도의 비율이었다. 이는 ftm 인
구가 mtf 인구보다 현저하게 적다는 의미가 아니라, 호적상의 성별변경에 접근하기가 이 정도로
어렵다는 걸 의미한다. 실제 성기재구성수술을 하지 않는 ftm들이 호적상의 성별을 변경하기 위
해 관련 기관에 찾아가면, 담당자들이 "수술을 다 하고 와라", "성기재구성수술을 하지 않으면
힘들 것이다"라고 말하며 반려한다고 한다. 결국 호적상의 성별변경 요건을 어떻게 정하느냐에
따라 성별변경 가능성과 접근도는 상당히 달라질 수밖에 없다. 2008년 4월 현재, 트랜스젠더들
의 호적상의 성별변경과 관련한 법은 (두 차례의 입법발의가 있긴 했지만) 없는 상황이다. 대법원에
서 지침서를 제시하기 전까진 판사들이 자의적인 판단에 따라 허가/불허 여부를 결정했다. 대법
원의 성별변경과 관련한 사무처리 지침서, 2006년 10월 노회찬 의원이 발의한 "성전환자성별
변경등에관한특별법(안)"과 관련한 자세한 논의는 퀴어이론문화연구모임 '위그'WIG에서 엮은
책, 『젠더의 채널을 돌려라』(2008, 사람생각)를 참고하라. *단, 이와 같은 내용은 신분등록제가 바뀌기 전
의 것으로, 신분등록제가 바뀐 현재로선 구체적인 내용들이 다를 수도 있다.

1. 성전환 의료과정의 의미 : 많은 사람들이 트랜스젠더 하면 성전환수술을 해서 신체의 외형을
자신이 원하는 정도로 바꾼 사람을 떠올린다. 일테면 mtf/트랜스여성이면 방송인 하리수 씨처
럼 가슴과 외부성기, 그리고 얼굴이나 몸의 형태에 이르는 전반적인 수술을 해서, "충분히" 여성
으로 통하는 외모이며, 이런 외모로 인해 어떤 불편함도 경험하지 않을 것이라고 여겨진다. 아울
러 ftm/트랜스남성 역시 수술비용의 차이는 있어도 수술 자체엔 문제가 없을 거라고 상정한다.
이런 식의 인식은, 우선 모든 트랜스젠더들은 호르몬투여와 성전환수술을 할 것이라고 가정하고
있다는 점에서 상당히 문제가 있다. 간단하게 말해서, 모든 트랜스젠더들이 호르몬투여를 하는
건 아니며(호르몬투여를 하는 사람들 모두가 트랜스젠더가 아니듯), 모든 트랜스젠더들이 성기재구성수
술을 비롯한 성전환수술을 하는 건 아니다(성기재구성수술을 하는 사람들 모두가 트랜스젠더인 건 아니
고). 그렇기에 트랜스젠더들 중엔 장기간의 호르몬투여와 가슴수술, 성기재구성수술을 하고 호
적상의 성별을 변경하는 이들이 있는가 하면, 평생 성전환의 의료과정에 참여하지 않으며 살아
가는 이들도 있다. 그렇기에 의료과정이 트랜스젠더들의 필수적인 경험은 아니지만, 의료과정에
참여할지의 여부를 어떤 형태로건 고민한다는 점에서 중요한 의미를 지닌다.

 트랜스젠더들이 자신이 원하는 호르몬을 투여하기 위해선 가장 먼저 정신과에서 "진성트랜스젠더"라는 걸 증명하기 위한 테스트를 거쳐 성전환증transsexuality 진단을 받아야 한다. 1980년 미국정신의학회는 '정신장애 진단 및 통계편람' DSM에 성정체성장애GID_ Gender Identity Disorder, 성정체감장애, 성주체성장애 등으로도 불림를 추가한다. 이는 트랜스젠더들을 정신병으로 분류하던 '성전환증'의 다른 이름으로 이해할 수 있다. 성정체성장애를 통해 미국정신의학회는 트랜스젠더를 가장 심각한 정신병의 하나로 분류했고, 이를 통해 트랜스젠더들이 호르몬투여와 수술을 하기 위해선 정신과의사의 진단서가 필수요건이 되었다.

미국의 경우 성정체성장애가 DSM 항목에 포함되어 있다는 점에서, 호르몬과 수술은 의료보험을 적용받을 수 있다. 하지만 한국에선 트랜스젠더를 정신병으로 분류하면서도 의료보험을 적용하지는 않는다.

 호르몬투여는 수술 전과 후에 지속적으로 이루어져야 하는 편이다. 호르몬투여를 하는 이유는, 자신의 몸에 나타난 2차성징을 억제하고 새로운 2차성징이 나타나도록 하기 위해서이다. mtf들이 에스트로겐을 투여할 경우 가슴이 자라기 시작하고 수염이 나지 않거나 털이 가늘어지는 효과를 경험한다, ftm들이 테스토스테론을 투여할 경우, 목소리가 낮아지고 수염이 나는 등의 효과를 경험한다. 하지만 호르몬투여는 투여하기 전에 자신의 몸에서 작용하고 있는 호르몬의 효과를 억제하는 역할이 상당해서 어느 정도 한계가 있다.

1) mtf의 호르몬투여 효과

mtf/트랜스여성이 호르몬을 투여할 경우 체모의 감소, 여성형 유방의 형성, 손톱과 머리카락의 성장속도 촉진, 여성스러운 체지방 분포 등을 들 수 있다. 이른바 '여성호르몬'이라고 불리는 에스트로겐 등을 투여할 경우, 성선자극호르몬의 생산량을 줄여서 남성호르몬의 생산을 감소시킨다. 하지만 이와 같은 방식은 한계가 있다.

수염의 경우, 호르몬의 효과에 잘 반응하는 경우가 있지만, 그렇지 않아 제모와 같이 별도의 시술을 하는 경우도 있다. 유방의 형성은 호르몬투여 이후 가장 먼저 나타나는 변화 중 하나이다. 호르몬투여로 자라는 여성형 유방에 만족하는 이들도 있지만, 체형에 비해 상당히 작아 확대 수술을 하는 경우도 있다. ftm과는 달리 mtf의 경우 호르몬으로는 음역이 변하지 않아, 원한다면 별도의 훈련과 수술이 필요하다.

호르몬의 경우, 수술을 통해 고환을 제거해도 지속적으로 투여를 해야 하는데, 호르몬을 중단했을 경우 남성형 체모가 다시 자라기도 하고, 호르몬부족으로 골다공증에 걸릴 가능성이 있기 때문이다.

2) ftm의 호르몬투여 효과

ftm/트랜스남성이 테스토스테론 호르몬을 투여할 경우 월경이 멈추고, 목소리가 남성의 음역으로 낮아지며, 남성형 체모가 나타나며 수염이 자라기 시작한다. 하지만 이런 기본적인 변화에도 종종 월경이 지속되어 별도의 호르몬투여를 해야 하는 경우가 있다. 호르몬투여를 시작하면 적지 않은 이들이 얼굴에 여드름

4. 수술 : 현재 상황에서 mtf들은 외부성기재구성수술을 선택하는 경우가 많은 편이다. 이는 ftm에 비하면 상대적으로(!) 수술비가 싸고, 수술결과의 만족도가 높은 편이기 때문이다. 반면 ftm들에게 해당하는 페니스재건/구성수술의 경우, 기술 발달 정도가 질재건/구성수술에 비해 미약한 편이다. 기술발달 정도가 미약해 만족도가 현저하게 떨어짐에도, 수술 자체는 상당히 어렵고 많은 시간을 요해 가격은 훨씬 비싸다. 그래서 정확한 통계를 낼 수는 없지만, 이런 현실적인 이유를 고려하며 외부성기재구성수술을 하지 않겠다고 말하는 ftm들이 상당히 많은 편이다.

1) mtf의 경우

질성형을 하는 방법에는 크게 두 가지가 있는데, 장을 이용하는 방법과 음낭 및 음경(피부 및 피하조직)을 이용하는 방법이다.

장을 이용할 경우 대체로 S상 결장 부위를 이용한다. 소장을 이용하는 경우도 있지만, 두께나 강도 등에 있어 S상 결장을 많이 이용하는 편이다. 피부를 이용하는 방법에는 피판과 피부이식, 두 가지 방법이 있다. 피판의 원리를 이용하면 질성형 수술을 한 번에 끝낼 수 있는 장점이 있다. 아울러 피부이식의 원리를 이용해서 수술을 했을 때의 문제점인 질협착을 피할 수가 있다. 현재 장을 이용한 질성형 수술은 제한적으로 사용하고 있는데, 피판의 원리를 이용한 수술에 실패해서 재수술을 할 경우에 사용한다. 성기재구성수술을 할 때, 전립선을 완전히 제거하지는 않는데, 그래서 늦은 나이에 수술을 할 경우 전립선암에 대한 검사를 미리 해야 한다.

성기재구성수술을 성공적으로 했다고 해도 냄새로 인해 고생하는 경우가 있다. 이는 여성의 성기는 완전히 닫혀 있어야 하는데, 소음순의 모양과 그에 따른 기능을 완성하지 못했기 때문이다. 또 음낭과 음경의 피판만을 이용한 수술은 자체적으로 윤활제 역할을 하는 점액이 생성되지 않아 안에 때가 끼게 된다. 점액질의 분비가 있으면 씻을 때 같이 나올 수 있는데, 피부만 안으로 들어가게 되면 아무리 청결을 유지해도 이런 현상을 피할 수 없다.

2) ftm의 경우

ftm의 성기재구성수술은 크게 3가지가 있다. 다만 성기재구성수술을 하기 전에, 난소와 자궁적출술을 먼저 시행한다.

① **메토이디오플라스티**Metoidioplasty 이 수술은 사춘기 이전 남성 외부성기 정도의 모양과 크기로 만들어 주는 수술인데, 대개 자궁적출술 및 난소제거술과 동시에 실시할 수 있다. 이 수술은 클리토리스의 크기를 충분히 크게 만들어 남성형의 외부성기로 만드는 것이다.

② **회전피판술** 회전피판은 혈관의 축을 회전하여 원하는 부위에 조직을 이동시키는 방법이다. 주로 다리나 복부의

조직을 이동시켜 외부성기 성형에 사용한다. 단점은 감각을 재생할 수 없다는 점이고 장점은 분리피판보다는 수술이 상대적으로 쉽고 부작용이 적다는 점이다. 페니스의 모양이 완성된 후에는 발기를 도와주는 보형물을 삽입하여 수술한다.

③ **분리피판술** 분리피판술은 동맥, 정맥, 신경을 팔뚝이나 허벅지에서 절단한 다음, 성기에 연결하는 수술이다. 신경을 이어주면 감각을 기대할 수 있다. 하지만 신경을 재생하는 수술이 아무리 성공적이라고 해도 클리토리스의 신경 감각엔 못 미친다. 단점은 수술 시간이 상당히 오래 걸리고, 절단한 부위가 흉터로 남는다. 다만 감각을 가진 페니스를 기대할 수 있고, 요도와 귀두를 동시에 만들 수 있다.

커밍아웃coming out 과 아웃팅outing

LGBT레즈비언lesbian, 게이gay, 바이bisexual, 트랜스젠더transgender의 맥락에서 커밍아웃과 아웃팅을 간단하게 설명하면, 커밍아웃은 성적지향·성정체성이나 성별정체성을 스스로의 의지로 주변 사람들에게 말하는 것이고, 아웃팅은 자신의 의지와 무관하게 타인에게 알려지는 것을 의미한다. 이런 식의 설명은 커밍아웃과 아웃팅의 기본적인 의미를 담고 있긴 하지만, 충분한 건 아니다.

커밍아웃의 경우, '다른 사람'에게 자신의 성적지향이나 성별정체성을 얘기하는 것으로 이해하는 경우가 많지만, 대상이 반드시 '다른 사람'일 필요는 없다. 현재의 한국사회는, 모든 사람은 주민등록번호상의 성별과 갈등 없이 자라고, 당연히 이성애자일 것이라는 가정을 자연스럽게 여긴다. 그리하여 자신이 주변에서 기대하는 성별이 아니라고 느끼거나, 이성애자가 아니라고 느낄 때, 당혹과 긴장을 느끼며 자신에게 뭔가 심각한 문제가 있는 건 아닐까 하는 고민을 하곤 한다. 이런 긴장과 갈등의 과정에서 규범적인 요구에 부합하지 않는 자신을 긍정하고 받아들이는 과정을 커밍아웃이라고 얘기할 수 있다(반드시 긴장과 갈등을 경험하는 건 아니며, 자연스럽게 자신의 정체성을 받아들이는 이들도 많다). 즉, 커밍아웃은 자기 자신에게 하는 것에서 출발한다. 그러고 나서야 주변 사람들에게 얘기할지의 여부를 고민하고 결정하게 된다. 이때, 자신에게 커밍아웃을 했다고 해서, 더이상 긴장과 갈등을 경험하지 않는 건 아니다. TV 등 언론매체에서 자신의 정체성을 얘기하며 이와 관련한 인권활동을 하는 이들이라고 해서 긴장과 두려움을 느끼지 않는 건 아니란 점에서, 자신에게 하는 커밍아웃은 평생에 걸친 작업이다.

다른 사람에게 커밍아웃을 하기로 결정했다고 해서, 누구에게나 커밍아웃을 하는 건 당연히 아니다. 다른 사람에겐 말해도 가족들에게만은 말하지 않는 이들, 친한 사람들에게만 얘기하는 이들, 오프라인 자리에선 얘기하지만 언론매체엔 나가지 않는 이들처럼, 누구에게 어떤 식으로 커밍아웃을 할 것인가는 개인마다 다르다. 커밍아웃을 하지 않았다고 해서, 숨기는 것이거나 "거짓말"을 하고 있는 것은 아닌데, 이는 내가 상대방과 어떤 식으로 관계를 맺을 것인가에 대한 고민과 판단에 따른다. 전적으로 신뢰하고 평생 친구로 여기지만 커밍아웃으로 헤어질 것을 염려하여(실제 이런 경험들이 있다) 커밍아웃을 하지 않을 수도 있고, 성별정체성이나 성적지향을 밝히는 것의 여부가 관계를 지속하는 데 중요하지 않다고 판단해서 하지 않을 수도 있다(이를 알아야만 관계를 지속할 수 있는 것도 아니고).

주변 사람들에게 커밍아웃을 하기 시작했다고 해서, 이것이 한 번에 끝나는 작업은 아니다. "저 트랜스젠더예요"라고 얘기할 때, 상대방은 이 말이 무슨 의미인지 모를 수도 있고, 이 말에 화가 나거나 당황할 수도 있고, 그러려니 하며 별다른 반응이 없을 수도 있다. 화를 내거나 더이상 소통하길 거부하는 경우라고 해서, 이를 혐오로만 단정할 수는 없다. 자기 자신에게 커밍아웃하기까지의 시간이 필요한 것처럼, 상대방 역시 이런 커밍아웃을 받아들이기까지 시간이 필요하기 마련이다. 그냥 그러려니 하는 반응 역시 마찬가지다. 일테면 "난 레즈비언이야"라고 커밍아웃을 했고, 상대방은 별다른 반응이 없어서, 알아들었나 보다 했는데, 다음에 만났을 때 "남자친구 안 사귀어?"라고 묻는 경우가 있다. 그렇기에 커밍아웃은 단순히 일회성으로 끝나는 경험이 아니라 장시간에 걸쳐 지속적으로 일어나는 일이다. 커밍아웃을 통해 한 말이 어떤 의미인지를 계속해서 얘기해야 한다는 점에서 상당히 피곤한 작업이긴 하지만, 한 번에 끝날 수 있는 일이 아님은 당연하다(이는 상대방이 LGBT이건 아니건 상관없다). 그러니 누군가에게 커밍아웃을 한다는 건, 일회성 통보가 아니라 '난 당신과 나의 어떤 정체성과 관련해서 얘기를 나누고 싶다', '당신이 나의 어떤 정체성을 고민하며 나와 얘기했으면 좋겠다'는 의미이자, 나의 어떤 정체성과 관련해서 소통하겠다, 혹은 하고 싶다는 신호이다. 트랜스젠더와 비이성애자가 '낯선 존재'로 여겨지고 있는 현재 상황에서(정말 낯선 건지, 낯선 것처럼 행동하는 건지, 낯설게 행동해야 한다는 인식조차 잊어버린 낯설음인지는 모호하지만), "나는 mtf다"라고 말하는 건 간단하지 않다. 이 말을 들은 상대방의 경우, 지금까지 나를 "남성"으로 대했다면 이제부턴 "여성"으로 대해야 하는 건지, 아님 "트랜스젠더"로 대해야 하는 건지, 마치 태어났을 때부터 여성으로 자란 사람처럼 대해야 하는지, "남성"으로 살아야 했던 시기가 있을 텐데 이 시기의 경험을 물어봐도 되는지 등등, 상당히 많은 것들이 어려울 수 있다. 현재 사회에서 "낯설다"는 건 "잘 모른다"는 의미란 점에서 "난 mtf야"라고 커밍아웃하는 건, 상대방에게 낯설음과 당혹스러움만을 줄 수도 있다. 아울러 "나는 레즈비언이야", "나는 mtf야"와 같은 말이 나의 무엇을 알려 주며, 내가 레즈비언 트랜스임을 알았다면 나의 무엇을 알았다는 것인지를 질문할 필요가 있다. 내가 레즈비언이라면, 내가 mtf라면, 이런 말이 현재 사회에서 레즈비언이나 mtf에게 덧씌운 이미지로 나를 대하도록 하는 효과는 낳을 수 있어도, 이 말 자체가 나와 관련해서 알려 주는 건 극히 적다. 그러니 커밍아웃은, 하는 사람과 듣는 사람 모두가 이전까지 맺어 온 관계를 완전히 부정하지 않으면서도 이전까지 맺어 온 관계부터 앞으로 맺어 갈 관계를 새롭게 구성하는 과정이다.

아웃팅의 경우, 자신의 의지와 무관하게 성정체성이나 성별정체성이 드러나는 게 문제가 되는 건, 이와 관련한 혐오가 상당하기 때문이다. 실제 동성애자이거나 양성애자임이 드러나서, 트랜스젠더임이 알려져서 회사에서 해고되거나 취업이 안 되는 경우가 종종 있다. 혹은 아웃팅을 협박하며 돈을 갈취하는 경우도 적지 않다. 그래서 일부에선 아웃팅은 범죄라고 주장하기도 한다. 아웃팅이 생활공간에서부터 생존기반까지 위협할 수 있는 효과를 낳는다는 점에서 "아웃팅은 범죄"라는 주장은 어느 정도 일리가 있다. 하지만 아웃팅의 위험만을 강조할 경우, 역설적으로 커밍아웃을 막을 뿐만 아니라 커밍아웃 자체를 위험한 것으로 만드는 효과를 낳기도 한다. 그러니 커밍아웃을 고민한다면, 커밍아웃의 긍정적인 효과(자기 긍정, 주변의 지지 등등)와 아웃팅의 문제를 동시에 고려하며 자신이 감당할 수 있는 수위에서 적절하게 할 필요가 있다.

다큐멘터리
「3×FTM」을 제작하며…

Writing **김일란** 성적소수문화 환경을 위한 모임 연분홍치마 활동가, 다큐멘터리 「3×FTM」 감독

성전환 남성의
삶에 '적절하게' 말 걸기

돌이켜 보면, 성전환 남성의 삶을 다룬 다큐멘터리 「3 × FTM」의 표현형식은 세 명의 주인공이 출연에 동의했을 때, 이미 결정돼 버린 것 같다. 우연과 돌발적 상황에 기대고 있는 다큐멘터리의 특성 때문에 구체적인 장면들은 떠오르지 않았지만, 아메바처럼 머릿속에서 넘실거리는 표현형식들이 있었다. 그것은 내밀한 감정의 풍경을 묘사하는 동시에 특정한 상황 속에서 그 상황을 보여 주는 이미지와 경합하는, 세 주인공들의 '고백적 목소리'였다.

　　　이러한 생각을 한 연유는 두 가지였던 듯하다. 하나는 세 명의 성전환 남성들이 현실의 젠더규범과 경합하면서 자신의 정체성과 욕망에 대해서 '적절하게' 말할 수 있는 언어를 찾아가는 힘겨운 과정을 드러내는 것이다. 세 명의 주인공들은 정체성을 확신하게 된 계기, 의학적 조치를 한 정도, 자신의 욕망을 표현하는 방식, 자신의 과거를 현재의 정체성으로 의미화하는 방식, 스스로 남성임을 설명하는 근거 등이 서로 비슷하면서도 다르다. 하지만 '남성다움'과 '여성다움'을 강요하는 억압적인 현실 속에서 자신의 욕망과 정체성을 긍정하면서, 자신을 설명할 수 있는 언어를 찾고, 그 언어를 토대로 자신을 설명하면서 사회와 지속적으로 관계맺기를 시도

하는 과정은 그 세 사람 모두에게 힘겹지만 필연적이었다. 세 명의 주인공들은 각자의 조건 속에서 각자의 방식으로 빼어난 성찰적인 태도로 이 과정을 거쳐 왔다. 바로 이러한 지점들을 드러내기 위해서는 그들의 내밀한 목소리가 중요하다고 여겼던 것 같다.

다른 하나는 관객들이 어두운 동굴 속 미로와도 같은, 복잡하고 미묘하며 낯선 성전환 남성의 욕망과 정체성을 이해하고자 할 때, 세 명의 주인공들의 생생한 목소리가 관객들이 미로 속에서 길을 잃지 않도록 도와주는 아리아드네의 실타래가 되어 주길 바랐다. 성전환 남성들의 정체성을 설명하는 주된 표현은 "여성의 육체에 갇힌 남성" 혹은 "잘못 태어난 남성"이다. 이 표현 속에는 성전환 남성들의 숙명적인 고통이 담겨 있다. 육체의 감옥에 포박당해서 옴짝달싹하지 못하는 영혼의 절박한 외침이 들린다. 많은 성전환 남성들은 자신의 정체성과 욕망을 설명할 때, 이 표현을 많이 사용한다. 그것은 녹록하지 않은 현실의 삶을 드러내는 한편, 자신의 욕망을 스스로 납득할 수 있을 근거가 될 뿐만 아니라 타인에게 자신의 정체성을 설명할 수 있는 분명하고 간결한 표현이기 때문일 것이다. 누군가 "여성의 육체에 갇힌 남성"으로 스스로를 설명하는 성전환 남성을 만난다면, 고통을 수반한 성전환 남성의 욕망을 통감하며, 그들의 정체성 역시 받아들이게 될 것이다. 프로서Jay Prosser는 "잘못된 몸"이라는 성전환자들의 설명은 체화된 경험에서 오는 것이며, 그 경험을 바탕으로 성전환자transsexual에 관한 이론이 전개돼야 한다고 주장했다. 성전환자들은 체화된 경험을 토대로 자기서사를 구성하고, 그 과정에서 완결된 정체성과 몸으로 옮겨 가는 경로를 인식하게 된다. 이때 '이행'transition은 보다 완결된 정체성과 몸으로 옮겨 가는 과정 그 자체로 드러낼 필요가 있다고 주장했다.

그러나 프로서의 주장과 달리, 이 표현만으로는 다양한 성전환 남성들의 정체성과 욕망을 이해하기가 수월하지 않다. 뿐만 아니라 '이행' 경험을 '완전한' 성을 찾아가는 데서 완결되는 것으로 이해하기 때문에 모든 성전환자를 단일화하고 본질적인 범주로 한정할 위험이 있다. 게다가 남성으로서의 '이행' 경험이 반드시 '완전한 남성의 몸'을 갖추는 데서 끝나지 않는다. 따라서 헤일Jacob C. Hale은 '이행'이 온전한 시작점과 도착점을 가지는 이주 경험이 아니라 오랜 시간 남성으로도, 여성으로도 읽히지 않는 경계지대를 포함하며, 상당한 경우 성전환자의 몸은 그 경계지대에서 멈추는 경우도 있다고도 주장한다.

이런 관점에서 보자면, 대부분의 사람들을 성전환자와 유사한 방식으로 설

엄마 뱃속에서부터 남자였던
남자가 되어야만 했던
남자로 보이고 싶었던
3×FTM
세 명의 성전환 남성 이야기
3×FEMALE TO/WARD MALE
고종우 김명진 한무지
http://blog.naver.com/3ftm

명할 수 있게 된다. 몸과 젠더, 그리고 정체성은 늘 단일하지 않으며 긴장관계에 놓여 있다. 이러한 긴장관계를 느끼지 않는 사람은 거의 없을 것이다. 많은 사람들이 규범화된 신체 이미지로부터 소외받으며, 또한 자신의 성정체성에 불안정성을 느낀다. 규격에 맞지 않는 자신의 몸을 원망하면서 우리는 얼마나 다이어트에 몰두하면서 살고 있나. 그러나 이와 같은 설명은 몸과 젠더, 그리고 정체성의 상관관계에 대한 우리의 인식적 토대를 마련하지만, 비성전환자의 경험과 성전환자의 경험적 차이를 설명하기 어렵게 된다. '차이'가 바로 정체성의 근거가 되기에, 우리는 그 차이를 간과할 수 없다.

'이해한다는 것'은 서로 다른 주체들의 의식적인 상호작용으로, 삶의 가치와 지향점이 감정적, 인식적, 윤리적으로 교차될 때 가능한 것인데, "여성의 육체에 갇힌 남성"과 같은 표현은 그 속에 담긴 성전환 남성의 경험을 이해하며 함께 무엇을 고민해야 하는지 상상하기 어렵게 만드는 부분이 있다. 다큐멘터리의 세 주인공은 "여성의 육체에 갇힌 남성"이라는 분명한 표현을 넘어서 혹은 그 속에서 내포되어 있는 규범화된 젠더이분법을 고민하면서 자신들의 욕망과 정체성을 표현할 수 있는 언어들을 찾아 왔다. 우리가 처음 그들을 만났을 때, 아니 만나기 훨씬 이전부터 지금까지 그리고 앞으로도 자신들의 언어에 대해서 지속적으로 고민할 것이다. 실제로 세 주인공들은 2006년, 우리가 처음 그들을 만났을 때와 지금의 고민이 달라졌다. 삶의 조건이 변화하면서 고민의 지점 역시 변화하고, 어쩌면 삶이 계속되는 한, 그리고 젠더이분법으로 인한 억압적 지점이 사라지지 않는 한, 그들의 고민은 끝나지 않을 것이다. 세 주인공뿐만 아니라 대부분의 성전환 남성들 역시 이러한 고민을 하면서 살고 있을 것이다.

이 지난한 고민 속에서 그들은 우리 모두의 삶을 구성하고 있는 젠더규범을 조금 비켜서서, 다른 각도에서 성찰하도록 이끌어 주고 있다. 말하자면, 그들의 고민은 우리가 성전환 남성의 삶에 대해서 통감할 뿐만 아니라 그들의 삶을 이해하면서, 우리의 정체성을 억압적으로 구성하고 있는 젠더이분법의 메커니즘에 대해서 함께 해결할 수 있는 가능성을 상상하게 한다.

그래서 우리는 세 주인공들의 고민을 드러내고 다양한 이해의 순간들을 만듦으로써, 성전환 남성의 삶과 우리들의 삶이 서로 만나고 접촉하여 서로의 경험을 공유하고 새롭게 해석할 수 있는 교차의 지점이 만들어지기를 기대하며 다큐멘터리를 제작했다.

다큐멘터리가 완성된 지금, 의도를 욕심껏 구체화했는지는 잘 모르겠다(더군다나 이 글을 쓴 시점은 다큐멘터리가 상영되기 전이라서 의도가 충분히 전달될 수 있는지 더욱 확신할 수 없다). 이러한 제작의도는 2006년에 실시했던 〈성전환자 인권실태조사〉의 인터뷰 과정에서 겪었던 경험들에서 비롯된 것 같다. 성전환 남성이 자신의 정체성을 설명할 수 있는 적절한 용어를 찾는 과정에서 다양한 시행착오를 경험했던 것처럼, 우리 역시 인터뷰 과정에서 '적절하게' 듣고 말 거는 방식에 대해서 여러 가지 시행착오가 있었다.

2005년 늦가을, 몇몇의 성소수자 단체들이 모여서, 성전환자의 성별변경을 제도적으로 안정화할 수 있는 법안제정에 대한 논의를 시작했다. 성적소수문화환경을 위한 모임 연분홍치마(이하 연분홍치마) 역시 이러한 법제정운동이 한계가 있지만, 그 실효성에 동의하면서 함께 활동을 시작했다. 법적으로 부여받은 성별과 전혀 다른, 외모와 정체성을 갖고 살아가고 있는 성전환자들의 현실에서 법적인 성별변경의 문제는 매우 시급하게 느껴졌기 때문이다.

2006년 4월, 50여 개의 사회, 인권, 성소수자 단체들이 모여서 '성전환자 성별변경 관련법 제정을 위한 공동연대'(이하 공동연대)를 발족했다. 공동연대는 법제정 운동을 전개하는 한편, 현실을 살아가고 있는 다양한 성전환자들의 삶에 대한 구체적인 실태조사의 필요성을 느꼈다. 그러한 목적으로 개인 활동가 및 몇몇 단체의 활동가들로 이루어진 '성전환자 인권실태조사 기획단'이 구성되었다. 그동안 성전환 여성들을 미디어를 통해서 재현된 이미지로 경험해서인지, 아니면 성전환 여성을 단순하게 '여성'으로만 받아들여서인지, 성전환 남성보다는 성전환 여성에게 정서적 유대감을 느끼고 있었다. 그러나 성전환 남성과의 만남은 예기치 못한 감정을 불러일으켰다. 그것은 '생물학적 여성육체'로서 그들이 겪었던 유년시절이나 사춘기 때의 경험과 그것에 대한 그들의 해석이었다. 그들의 경험과 그에 대한 해석은 동질감을 유발하는 한편, 이질적인 불편함을 자아냈다. 이 복잡한 감정은 성전환 남성과의 더 많은 대화를 유도했다.

성전환자들과 인터뷰를 하면서, 가장 곤란했던 것은 '적절하게 말하기'와 그들의 '화법을 이해하기'였다. 적절한 언어를 골라서, 우리의 의도를 그들에게 적합한 질문의 형태로 전환하는 과정은 매우 낯선 작업이었다. 또한 그네들의 화법을 이해하는 것 역시 우리에게 적잖은 감정적 동요를 일으키곤 했다.

우선적으로, 과거에 대한 질문을 할 때, 그 질문을 던지는 태도와 적절한 언어를 선택하는 것은 어려운 일이었다. 성전환 남성은 특정한 과거에 대한 열정적인 집착과 그에 못지않는 강도로 과거에 대해 억압하는 표현을 자주하곤 했는데, 그러한 화법은 마치 기존의 역사에 의문을 품지 않은 채, 유물만 발굴하고 있는 고고학자나 부족한 물증을 확신에 찬 목소리로 메우려는 탐정을 연상시킬 정도였다. 왜냐하면 자신의 기억 속에서 자신의 정체성을 설명하는 데 유용한 사건만 발굴하여, 그것을 근거로 다시 정체성을 설명하는 순환논리를 반복하는 것처럼 보였기 때문이다. 말하자면 1인칭으로 이야기되는 어린시절의 서사는 때때로 자신의 욕망을 기억으로 전환시키고, 이때 욕망에 부합되지 않는 기억은 탈각되며, 이러한 과정 역시도 현재의 시점에서 사후적으로 끊임없이 재구성되는 것이라고 생각하고 있었기 때문이다. 그래서 당시의 초반부에 했던 인터뷰를 돌이켜 보면, 그들의 정체화 과정을 이해하기 위해서는 당연히 해야 했던 질문들이었을지도 모르지만, 그 질문들이 그들에게 얼마나 무심하고 공격적으로 들렸을지 짐작이 된다.

처음 인터뷰를 시작할 때, 나는 어떤 한 성전환 남성과의 대화에서 미묘하게 어긋난 적이 있었다. 그와 나 그리고 다른 인터뷰어가 참석한 자리였고, 그의 어린시절 이야기를 유쾌하게 듣고 있었다. 그는 "그 어린 게 뭘 알아, 근데도 그때부터 나는 소꿉놀이 할 때, 꼭 아빠만 했어요"라고 회상했다. 나는 그가 남자 아이들의 놀이만 했을 거 같은데, 의외로 소꿉놀이도 한 것이 놀라워서 "소꿉놀이도 하셨어요?"라고 반문했다. 그런데 갑자기 그가 언짢은 내색을 하면서 "아니, 잘 기억은 안 나요. 그냥 어렴풋하게 애들하고 그러고 놀았던 거 같아요"라고 '말 바꾸기'를 하였다. 확연하게 달라진 그의 표정에서 내가 실수한 것을 눈치 챘지만, 그 이유를 수월하게 이해할 수 없었다.

그가 강조하고 싶었던 것은 "꼭"이라는 부사와 역할놀이에서 "아빠"라는 부분이었는데, 질문자인 내가 "소꿉놀이"에 대해서 되묻게 되면서, 그는 자신의 기억을 흐릿하게 만드는 것으로 자신의 감정을 드러냈던 것 같다. 그 상황을 돌이켜 보면, 나와 그는 낯설었기 때문에 서로의 의도를 오역하고 있었던 것 같다. 나의 즉각적인 반응은 그를 (성전환)남성으로 인식하고 있었고, 주로 남자 아이들의 놀이를 즐겼을 것 같은데, 예상과 달리 여자 아이들의 놀이도 했었다는, 의외의 사실에 대한 놀람이었다. 하지만 그는 '나'의 반응 속에서 자신의 정체성이 의심당하고 있다는 인상을 받았던 것 같다. 나의 반응은 '당신은 과거에 여자 아이들의 놀이문화인 소꿉놀이를 즐길 정도로 충분히 여자 아이'였고, 그래서 '나는 당신이 남자가 아닌 근거를 찾았다'라는 진술로 들렸던 듯하다. 하지만 나 역시 그가 갑자기 거북함을 드러내면서 말 바꾸기를 하는 바람에 '아까는 스스로 소꿉놀이를 자주 했다고 하더니, 왜 갑자기 안 했다고 하는 걸까'라는 묘한 저항감이 들었다.

그와의 인터뷰가 끝나갈 즈음, 나의 질문에 대한 반응의 원인을 파악할 수 있었다. 그는 '의혹' 받을 만한 것은 전부 없애고 싶다고 이야기했다. 그리고 누군가 자신을 의심하는 것 같은 느낌을 받으면 분노를 감출 수 없다고도 했다. 그 순간 그가 아까 보였던 반응의 연유를 알 것 같았다. 그는 우리와 즐겁게 대화를 하면서 스스로에게도 감추고 싶은 과거의 기억이 잠시 긴장의 끈을 놓친 사이에 노출되었다고 느꼈던 것 같다. 게다가 내가 소꿉놀이를 되묻자, 그는 확실히 자신이 실수했다고 느꼈던 모양이다.

대체적으로 성전환 남성들은 어린시절을 이야기할 때, "아주 어렸을 때부터, 나는", "다섯 살 때부터 나는"으로 시작하곤 했다. 예를 들어, "나는 지금도 생생하게 기억하는데, 그때가 대여섯 살 정도 되었을 거예요. 왜 그랬는지 모르겠는데, 나는 치마를 입는 게 너무 싫었어요"라고 분명하고 생생하게 이야기한다. 게다가 어떤 사람들은 어린시절을 기억해 내는 과정에서 말 습관처럼, "왜 그랬는지 모르겠는데"라는 문장을 첨가하기도 했다. 원인을 알 수 없다는 사실을 강조하여, 자신의 남성 정체성을 신비화하고, 자연화하는 듯했다. 이런 식의 화법에 담긴 의미는 정체성에 대한 확신의 근거일 뿐만 아니라 '소망'이다.

때때로 성전환자들은 신뢰할 수 없는 사람이라는 인상을 풍긴다고 한다. 성전환자의 정체성을 알지 못하거나 이해하지 못하는 사람들이라면, 성전환자들이 인간관계에 있어 가장 근본적인 정보인 성별을 숨겨 왔다고 판단하고 '속았다'라고 여기게 된다. 그러나 무엇보다 성전환자들이 신뢰를 주지 못한다는 편견은 '말 바꾸기'에서 비롯되는 듯하다. 그것은 성전환자들이 자신의 과거를 자신의 욕망에 맞게 각색하면서 발생하는 것으로 보인다. 말하자면 성전환자들은 자신의 남성 정체성을 타인에게 인정받기 위해서, 태어나는 그 순간부터 현재에 이르기까지 단 한 번도 '여성'을 경험하거나 혹은 여성으로 살았던 시기가 없었던 것으로 보여야 한다. 그 때문에 자신의 기억과 경험을 '재구성'하여 서술할 수밖에 없고 그때 충분히 완결되지 않는 자기-서사로 인해서 종종 '말 바꾸기'를 하는데, 그로 인해서 일관성 없는 사람 혹은 숨기는 게 많은 사람이라는 인상을 주는 것 같다. 게다가 나와 인터뷰했던 성전환 남성처럼, 갑작스러운 감정변화 역시 신뢰할 수 없는 사람이라는 인상을 주는 듯하다. 스스로 '의혹의 대상'이라는 불안감을 갖고 있기 때문에, 무언가 성별화된 어떤 언어나 제스처에 예민할 수밖에 없고, 자신이 의심받는다고 느끼는 순간, 성전환 남성들은 급작스런 반응을 보이는 경우가 있는 듯하다. 그러나 예기치 못한 감정변화는 그의 정체성을 상상조차 못하는 상대방에게 '알 수 없는 사람'이라는 인상을 주기도 한다.

　　다큐멘터리 주인공의 한 사람인 고종우 씨의 말에 따르면, 이러한 감정변화는 상대방이 자신을 충분히 '남성'으로 인식하고 있지 않다는 불신에서 비롯된다고 한다. 그래서 자꾸 '과거'를 숨기고 싶고, '과거'에 대해서 묻는 것이 폭력이라고도 한다. 하지만 자신을 충분히 남성으로 인식하고, 남성의 과거를 묻는 사람에게는 특이한 경험을 한 남성으로서 자신이 여성으로 취급되면서 겪었던 과거를 '농담'으로 이야기할 수 있다고 했다. 고종우 씨는 종종 자신을 "어머니 뱃속에서부터 남성"이라고 표현한다. 이 표현은 그의 정체성에 대한 설명이자, 스스로도 해석하듯이 '소망'이기도 하다. 성전환 남성이 그 자체로 사회적으로 인정되는 것이 아니라 태어날 때부터 비성전환 '남성'인 듯 가장해야만 '남성'으로서 인식될 수밖에 없는 상황에 대한 역설逆說이며, 완성될 수 없는 꿈에 대한 표현이다.

　　성전환 남성의 과거에 대한 화법은 다채롭다. 그 화법 속에는 특정한 과거에 대한 열정적인 집착과 그에 못지않은 강도로 과거의 특정한 경험을 억압하는 표현들이 들어 있다. 경험은 이미 하나의 해석인 동시에 해석의 필요가 있는 것이다. 그리고 그것은 정체성 생산의 핵심이기도 하다. 따라서 자신의 정체성을 불신하는 상대 앞에서는 자신의 경험을 이야기할 때 방어적인 태도를 보이면서 현재의 남성 정체성을 입증하기 위한 유물을 찾듯, 특정한 경험을 찾는 고고학자나 부족한 물증을 확신에 찬 목소리로 메우려는 탐정이 되기도 하고, 자신의 정체성을 인정하고 이해하는 상대방에게 자신의 경험을 들려줄 때는 여성다움과 남성다움을 자유롭게 넘나드는 풍자 소설가가 되기도 한다.

촉박한 실태조사 일정 때문에 여러 가지 고민을 차분히 풀지 못한 채, 계속 인터뷰를 진행할 때였다. 그날은 인터뷰 약속 시간에 조금 늦게 도착했는데, 양복을 입고 낯선 만남에 긴장한 기색이 역력한 사람이 앉아 있었다. 그는 주인공 중의 한 명인 김명진 씨였다. 그때 그는 남성으로 호적정정을 법원에 신청해 놓은 상태였다. 그는 성별변 경을 신청하긴 했지만 자신은 성전환 남성이 아니라고 했다. 지금까지 내가 인터뷰 했던 다른 성전환 남성들과는 너무나 다른 태도였기 때문에 의아하지 않을 수 없었 다. 그는 외려 자신을 남성으로만 보는 것이 불편하다고 했다. 자신을 법적인 성별이 나 몸의 변화만으로 규정하지 말아 달라고 말했다. 그의 주장을 풀어 말하자면, 충분 히 '남성스러운 외모, 남성스러운 제스처, 남성스러운 옷차림을 하지만 태어날 때 할 당받은 성별에는 그다지 불만이 없는 사람', 그것이 바로 자신이라고 했다. 그럼에도 불구하고 자신의 성별이 여성이기 때문에 사회는 자신의 존재를 어색해한다는 것이 다. 만약에 자신의 성별이 남성이라면 자연스러웠을 많은 것들이, 자신의 성별이 여 성이기 때문에 부자연스럽게 받아들여진다고 했다.

예를 들어 그가 한 여성을 사랑하고 그녀와 결혼을 하고 싶더라도, 그의 법 적 성별이 여성이기 때문에 다른 여성과 결혼을 할 수 없다. 만약에 그의 법적 성별 이 남성이라면 그 모든 것이 자연스러웠을 것이다. 직장에서도 역시 그가 남성이라 면 당연히 받았을 처우가 그가 여성이기 때문에 날을 세워 싸워야 한다고 했다. 그는 자신과 비슷한 경력을 갖고 있는 남자 직원에 비해서, 월급이 턱없이 낮았던 것을 한 예로 설명해 주었다. 또한 그는 취직을 하기 위한 면접을 볼 때 대체적으로 정장을 입는 것이 관례여서, 자신은 양복을 입고 싶은데, 자신의 성별이 여성이기 때문에 어 떤 옷을 입어야 할지 늘 고민스러웠다고도 했다. 주민등록번호가 '2'로 표기된 그가 양복을 입고 면접을 보았다면, 면접관은 무척 당황했을 것이다. 그는 무언가 자기 자 신에게 자연스러운 사람으로 살아가려면, 그의 성별이 '남성'이어야 한다고 생각했 다는 거다. 그의 주장은 궤변에 가깝게 들릴 정도였다. 하지만 곰곰이 생각해 보면, 자기 자신에게 조화롭게 살고 싶은 욕망이라는 측면에서는 충분히 이해가 되었다.

누구나 자기 자신에게 조화롭게 살고 싶어 한다. 자기 자신으로부터 소외되 고 배제된 삶을 살고 싶은 사람은 아무도 없을 것이다. 이 간결하고 분명한 욕망은 어떤 이들한테는 너무나 힘들고 어려운 삶을 살게 한다. 특히나 성전환자들에게는 가혹할 정도다. 처음 고종우 씨와의 인터뷰에서 그는 대학에 입학하자마자 자퇴를 했다고 했다. 그 연유를 묻자, 그는 "사는 게 어색해서"라고 답했다. 처음에는 이 말의 의미가 잘 파악되지 않았다. 그 말의 의미를 되묻자, 그는 "그냥 모든 게 적응이 안 됐다"고만 답했었다. 그런데 김명진 씨와 인터뷰를 하면서, 나는 고종우 씨의 말이 이해가 되었다.

삶은 몸을 지니는 순간부터 시작된다. 그리고 그 몸은 태어나는 순간 스스로의 의지와 무관하게 부모, 간호사, 의사와 같은 타인들에 의해서 두 가지 성별 중에 하나를 부여받는다. 한 가지의 성별을 부여받은 몸은 존재의 원초적인 토대이자 사회적 관계를 맺기 위한 표현수단이다. 따라서 몸은 매우 사적인 동시에 공적인 공간이다. 많은 사람들은 몸을 하나의 성별로서 총체적으로 인식하며, 그 몸에 할당된 젠더를 '당연한 것으로' 수용한다. 여성은 '여성다움'을, 남성은 '남성다움'을 어느 정도 갈등을 하지만, 대체적으로 수용하게 된다. 그래야만 여성 혹은 남성으로서 사회와 관계를 맺으면서 살아갈 수 있다. 지금 우리가 살아가는 사회는 이 모든 과정을 세상의 자연스러운 원리로서 설명하고 있다.

그런데 자신에게 부여된 성별과 다른 성정체성을 느끼고, 스스로 지향하는 성과 타인에게 인식되는 성이 다르다면, 그 삶을 살아가는 주체는 과연 어떤 느낌일까. 대체적으로 많은 사람들이 처음 만났을 때, 상대방과 맺어야 할 관계를 그 사람이 보여 주는 정보를 통해서 결정한다. 특히나 나이, 성별, 인종과 같은 생물학적 정보는 특별한 노력 없이 한순간에 분석하게 되며, 거의 무의식적으로 파악하게 된다. 이런 조건 속에서 성전환자들의 관계맺기는 매우 근본적인 과정부터 오류가 발생하게 된다. 의학적 조치 등을 통해서 여성 혹은 남성 중 한 가지의 성별이 두드러지지 않는 상황이라면, 타인과의 관계맺기가 빈번하게 오류를 발생시킬 것이다. 또한 자신이 관계맺기에 왜 어려움을 느끼고 있는지 그 원인조차 파악되지 않는 상황이라면, 고종우 씨의 말처럼, "그냥 사는 게 어색"하다고밖에 설명할 수 없을 것이다.

〈성전환자 인권실태조사〉를 하는 동안, 또 한 번의 미묘한 신경전을 벌인 적이 있었다. 그는 우리에게 자신이 남성일 수밖에 없는 여러 가지 근거들을 확신에 차서 설명해 주고 있었다. 이미 몇 차례의 인터뷰를 통해서 성전환 남성들의 그러한 화법이 지니고 있는 다양한 층위의 의미들을 어느 정도 파악한 터라 이해하면서 듣고 있었다. 그런데 점차 그의 화법이 묘하게 신경을 자극하기 시작했다. 그는 가부장제 내에서 정형화된 여성다움을 '여성'의 본질인 양 자신하면서, 자신의 경험이 여성들의 경험과 어떻게 다른지를 강조하였다. 그런 그의 모습에 약간 언짢아졌다. 그는 "난 진짜 부엌일은 못했어요. 어머니가 '딸'이니까 자꾸 시키려고 하는데 도저히 할 수가 있어야지. 그래서 좀 싸움이 많았지"라면서 자신이 남성이기 때문에 부엌일과 같은 여성적인 일은 할 수가 없었다고 했다. 그러자 나는 언짢은 마음이 저도 모르게 대답으로 드러났다. "요즘은 여자들도 부엌일 잘 못해요"라고 답했다. 그는 약간 당황해하면서, "에이, 여자들이 못하는 거랑 제가 못하는 것은 다르죠"라는 말로 일축했다. 나도 지지 않고, "남자든 여자든 누구나 자기 일이라고 생각 안 하면, 부엌일은 잘 못해요"라고 말해 버렸다. 그를 남자로서 인정하지 않고 그에게 여성적 위치를 강요하는 것과 같은 인상을 줄까봐, '아차' 싶은 생각이 들었다. 하지만 그의 젠더이분법적인 사고와 그로부터 비롯된 여성다움에 대해 비하하는 발언에 대한 불편함과 여성적 '위치'를 경험한 사람에 대한 약간의 배신감마저 느꼈던 터라 감정을 숨기기 어려웠다. 그렇다고 해도 왜 그렇게까지 날카롭게 반응했었는지 조금 민망해졌다. 그래서 마음을 조금 가라앉히고, 어떠한 차이가 있는지 다시 물어보았다. 그러자 그는 이렇게 답했다. "요즘 여자들은 부엌일 하기 싫어하잖아요. 나는 그거랑은 다르죠. 나는 잘 못해요." 그의 말의 의미가 무엇인지 알 것 같았다. 부엌일은 여성들에게 부여된 역할인데, 여성들이 그것을 거부함으로써 못하게 된 것에 반해서, 부엌일은 원래 남성에게 부여된 역할이 아니고 게다가 남성들은 원래 부엌일을 못할 뿐만 아니라, 자신은 여성으로서 거부해서 못하는 것이 아니라 남성이기 때문에 못한다는 것이다.

그러면서 그는 나에게 "여자로서 피해의식 있어요?"라고 물었다. '피해의식'이라는 단어가 내 마음과 머리를 심하게 흔들었다. 그날의 대화는 지금까지도 고민거리이다. 여성주의와 성전환 남성들 사이에는 젠더이분법을 둘러싼 긴장감이 발생하게 된다.

다큐멘터리 주인공 중의 한 명이자 성전환자 인권활동가인 한무지 씨는 이러한 지점에 대한 성찰을 보여 주었다. 현재 한국사회에 견고한 젠더이분법으로 인해서 성전환 남성들은 가부장제 속에서 정형화된 여성다움을 비하하고, 차별화하면서 자신의 성정체성을 형성할 수밖에 없다고 한다. 자신 역시도 여자들의 여러 가지

특성들을 폄하함으로써, 자신이 남성임을 스스로 증명할 수밖에 없었다는 거다. 하지만 그는 다양한 경험을 통해서, 여성다움이나 남성다움 혹은 스스로가 남성임을 입증할 수 있는 증거가 무엇인지 등에 대해서 이제는 확신할 수 없지만, 적어도 다른 집단을 차별적으로 폄하하는 것을 통해서 자기증명을 하는 방식은 매우 배타적이며 억압적인 태도였던 것 같다고 한다. 2006년 〈성전환자 인권실태조사〉를 통해서 처음 그를 만났을 당시를 떠올려 보면, 아니 다큐멘터리의 제작 초기만 생각하더라도 그의 이러한 변화는 그저 놀라울 따름이다. 한무지 씨의 성찰적 분석은 고종우 씨와의 대화 속에서 보다 구체화된 적이 있었다. 다큐멘터리를 촬영하면서 고종우 씨는 더욱 편안하게 자신의 경험에 대해서 이야기하게 되었다. 그는 어떤 아르바이트를 한 적이 있는데, 그때 대부분의 구성원이 아줌마들이었고 그 사이에서 남성은 고종우 씨와 지배인뿐이었다고 한다. 하루는 휴게실에서 다 같이 모여 사소한 담소를 나누고 있었는데, 그때 고종우 씨는 커피가 너무 마시고 싶었지만 커피를 타는 모습이 '여자'로 보일까봐 참았다는 이야기를 들려주었다.

이 일화는 참으로 흥미로웠는데, 많은 여성주의자들이 자신을 여성주의자로 자각하고 그것을 일상의 삶 속에서 실천하는 과정에서 이와 비슷한 경험을 하게 되는 것 같다. 여성주의자들은 자신들이 '여자'로 보일까봐, 말하자면 가부장제 속에서 전형적인 여성다움 잘 내재화하고 있는 여자로 보일까봐 스스로 정형화 된 여성다움에 긴장하면서 엄격하게 검열하는 경험을 하기도 한다. 스스로 인식하는 자신의 이미지와 가부장제 속에서 전형적인 것으로 만들어진 여성의 이미지와의 내적갈등이다. 물론 고종우 씨의 내적갈등과 여성주의자들의 내적갈등은 너무나 다르며, 그것을 해결하고자 실천하게 되는 부분도 너무나 상이하다. 하지만 두 주체들에게 내적갈등을 일으키는 원인으로서의 젠더이분법이라는 메커니즘은 동일하게 작동하고 있다. 어쩌면 성전환 남성들과 여성주의자들이 스스로에게 보다 더 조화로운 주체들이 되기 위해서, 함께 고민할 수 있는 지점이 있다면 그것은 바로 외부로부터 강요되는 젠더이분법이라는 토대, 그 자체일 것이다.

그리고 어쩌면 성전환 남성들이 자기 스스로를 남성으로 입증하는 과정 속에서 굳이 여성들을 '억압적으로' 비교하지 않아도 되는 상황이 된다면, 역으로 성전환 남성들과 여성들이 함께 두 주체를 억압하는 젠더매트릭스를 변화시킬 수 있다면, 누군가를 억압하지 않으면서도 보다 더 자율적인 주체들로 성장할 수 있지 않을까 하는 상상을 하게 된다.

<성전환자 인권실태조사>를 통해서 많은 성전환 남성들을 만나게 되었고, 그들과 대화하는 것에 대해서 시행착오도 겪었다. 그들의 경험은 언어로 결코 환원될 수도 없을 뿐만 아니라 표현할 수 있는 언어도 절대적으로 부족하다. 또한 그들의 경험은 미묘하게 차이가 있었는데, 그 차이가 그들을 설명하는 근거임에도 불구하고 나의 인식적 경험이 그것을 이해하기에는 많이 부족했던 것 같다. 그런데 처음에 선뜻 이해할 수 없었던 그들의 욕망이나 정체성, 경험들이 서로 다른 성전환 남성들과의 대화를 통해서 가능해지는 것을 느꼈다. 예를 들어 고종우 씨의 경험은 김명진 씨의 경험을 통해서 더욱 명확해지는 식으로 말이다. 비슷하면서도 다른 경험을 기와장들처럼 서로가 서로를 보충하는 방식, 그것이 언어적 한계나 인식적론 경험의 부족을 채워 주었다. 그래서 서두에서도 밝혔듯이, 세 명의 주인공이 다큐멘터리의 출연에 동의했을 때, 다큐멘터리의 표현형식을 세 사람의 주인공들의 목소리가 스스로를 설명하는 것이자, 다른 사람의 경험을 보충하는 방식으로 고민했던 것 같다.

다큐멘터리를 촬영하는 내내, 우리는 참 많은 인터뷰를 했다. 그리고 긴장과 갈등이 생겼다. 그러나 그것은 처음 우리가 만났을 때 했던 것과는 다른 지점에서의 긴장과 갈등이었다. 그리고 세 명의 주인공과 우리와의 관계가 점차 신뢰를 쌓아갈수록, <성전환자 인권실태조사>의 인터뷰에서는 듣지 못했던 ftm으로서의 내밀한 많은 이야기들을 들려주었다. 그 중의 하나가 바로 '진정성'에 관한 부분이었다. 집단적 정체성을 구축한다는 것은 안팎의 경계를 설정하는 것이고 내부의 동질성을 강조하는 것으로 나아가게 된다. 1990년대 후반, 한국사회의 다양한 변화 속에서 성전환자들 사이에서도 인터넷 동호회를 중심으로 커뮤니티가 형성되었다. 그들은 의학적 조치에 필요한 정보를 교환하고, 서로의 고민을 나누고, 이행의 과정을 지지하면서 집단적 정체성을 구축해 왔다. 그러면서 조금씩 성전환 남성들의 커뮤니티 문화나 담론을 만들어 왔는데, 그 속에서 어려움을 느끼는 것은 의학적 조치, 본질적인 정체성 등을 기준으로 한 서열화라고 했다. 그들은 비성전환 남성—의학적 조치를 한 성전환 남성—의학적 조치를 하지 않은 성전환 남성이라는 수순으로 서열화하여, 의학적 조치를 하지 않은 성전환 남성을 예비적 단계로 인식하거나 혹은 미숙한 사람으로 취급하기도 한다고 했다. 또한 커뮤니티 내 '검증과정'을 통해서 '진성'과 '가성'으로 나뉘기도 한다고 했다. 이러한 커뮤니티의 문화는 성전환 남성의 공통성의 근거가 되고 있다. 성전환 남성으로서 인정받는 것은 삶의 기획을 새롭게 한다. ftm 커뮤니티에서 관계맺기는 자신을 인정해 주는 언어나 집단 문화와의 접촉이기

에 매우 중요한 일이다. 그러나 이러한 성전환 남성들의 문화에 우리는 주목해야 한다. 왜냐하면 이러한 문화가 젠더규범·이성애중심주의·가부장제 속에서 형성된 남성성 속에서 규범화된 형태이든, 보다 퀴어한 형태이든 성전환 남성의 남성성을 생산함에 있어 중요한 토대가 되기 때문이다.

세 명의 주인공들의 성전환 남성으로서의 삶에 대한 다양한 이야기를 듣고, 함께 나누면서 우리는 성전환 남성들의 삶에 대해서 보다 더 많은 것들을 이해하게 되었다. 다큐멘터리 「3 x FTM」과 이 책 『3 x FTM : 세 성전환 남성의 이야기』는 그러한 과정의 결과물이다.

다큐멘터리 「3 x FTM」이나 인터뷰집 『3 x FTM : 세 성전환 남성의 이야기』를 통해 보다 많은 사람들이 성전환 남성과 적절하게 대화하는 것에 대해서 고민을 함께 나누고, 서로 다른 경험들이 다양한 해석을 통해서 함께 공유되고, 그러한 작업 속에서 규범화된 젠더 문화를 함께 해결하는 데 도움이 되었으면 한다.